Maud Fontenoy, geboren 1977 in Meaux bei Paris, war kaum eine Woche alt, als sie mit ihren Eltern auf der Familiensegelyacht über den Atlantik fuhr. Bis sie 15 Jahre alt war, lebte sie auf diesem Boot in der Inselwelt der Antillen. Nach dem Abitur arbeitete sie in einer Immobilienfirma, bevor sie 2003 mit 25 Jahren ihren Lebenstraum in die Tat umsetzte und mit einem Ruderboot den Nordatlantik in West-Ost-Richtung überquerte. Keine zwei Jahre später brach sie zu ihrer nächsten waghalsigen Expedition auf und überquerte als erste Frau rudernd den Pazifik. Sie folgte dabei der Route des berühmten Thor Heyerdahl, der 1947 auf seinem Floß *Kon-Tiki* den Pazifik durchmaß.

Fontenoy ist Präsidentin der *Fédération Française des bateaux voiles et avirons traditionnels* und hat eine Organisation gegründet, die es Jugendlichen aus sozial schwierigen Verhältnissen ermöglicht, auf einer »Yole de Bantry«, einem kombinierten Ruder-Segelboot für zehn Personen, das Navigieren zu lernen.

Mehr zur Autorin auf ihrer Internetseite: www.maudfontenoy.fr

Ebenfalls bei Frederking & Thaler erschienen:
Der Atlantik und ich
Eine Frau, ein Boot und der Pazifik

Bibliografische Information der Deutschen Bibliothek
Die Deutsche Nationalbibliothek verzeichnet diese Publikation in der
Deutschen Nationalbibliografie; detaillierte bibliografische Daten
sind im Internet über http://dnb.d-nb.de abrufbar.

NATIONAL GEOGRAPHIC ADVENTURE PRESS
Reisen · Menschen · Abenteuer
Die Taschenbuch-Reihe von
National Geographic und Frederking & Thaler

1. Auflage Juni 2008
Deutsche Erstausgabe © 2008 Frederking & Thaler Verlag GmbH, München
© 2007 Arthaud
Titel der Originalausgabe: *Le Sel de la vie*
erschienen bei Arthaud, Paris
Alle Rechte vorbehalten

Aus dem Französischen von Karola Bartsch
Text: Maud Fontenoy
Fotos: Jean-Christophe L'Espagnol
Umschlagfotos: Marcel Mochet/AFP/Getty Images
Lektorat: Gudrun Honke, Bochum
Umschlaggestaltung: Dorkenwald Grafik-Design, München
Herstellung: Büro Sieveking, München
Druck und Bindung: CPI - Clausen & Bosse, Leck
Printed in Germany

ISBN 978-3-89405-849-4
www.frederking-thaler.de

Das Papier wurde aus chlorfrei gebleichtem Zellstoff hergestellt.

MAUD FONTENOY

GEGEN ALLE WINDE

Im Einhandsegelboot um die Welt

Aus dem Französischen
von Karola Bartsch

Meiner Familie, meinem Leuchtturm am Ende der Mole

Eines Tages, wenn wir Wind, Wellen und Schwerkraft beherrschen,
werden wir uns die Kraft der Liebe zunutze machen.
Dann wird der Mensch zum zweiten Mal in der Geschichte
das Feuer entdecken.

PIERRE TEILHARD DE CHARDIN

Inhalt

Vorwort

Es war ein Sonntag, als ich am Telefon erfuhr, dass Maud irgendwo im Indischen Ozean ihren Mast verloren hatte. Ohne die Nachricht wirklich glauben zu können, wählte ich die Nummer ihres Satellitentelefons. Ruhig schilderte ihre Stimme, die vielleicht etwas erschöpfter klang als sonst, die Lage. Ihre Brücke war nur noch ein Trümmerhaufen aus Abspannseilen, zerfetzten Segeln und kaputten Spieren; ein Teil vom Mast drohte bei dem Seegang den Rumpf zu durchbohren. Bis Hilfe bei ihr eintreffen würde, würden mehrere Tage vergehen. Wir setzten das Gespräch fort und redeten sogar über Belanglosigkeiten, Lichtjahre entfernt von ihrer kritischen Situation. Ich hielt mir ihren extremen Erschöpfungszustand nach inzwischen mehreren Monaten auf dem unerbittlichen Ozean vor Augen und zweifelte keinen Moment daran, dass ihr Abenteuer nun beendet wäre und sie überhaupt nur mit Hilfe von außen aus ihrer brenzligen Lage befreit werden könnte. Ich würde helfen, eine geeignete Lösung für eine eventuelle Bergung zu finden.

Es war dann der schier unglaubliche Kraftakt der Seglerin, die entgegen allen Erwartungen innerhalb weniger Tage auf der Brücke »klar Schiff« machte, einen Behelfsmast errichtete und Kurs nach Westen nahm. Für einen Normalsterblichen unvorstellbar; nur hatte ich vergessen, dass Maud das nicht ist.

Ein paar Wochen später – sie war gerade in Réunion gelandet – las ich zwei oder drei abfällige Bemerkungen über das, was sie vollbracht hatte. Ich sagte mir, dass sie sicherlich verändert zurückgekommen war, die Welt aber kleinmütig war wie eh und je. Ich sagte mir, dass sie unbeschadet der spontanen und banalen Äußerungen einiger bedauerlicher Geister etwas Gewaltiges vollbracht hatte, das denen, die eifersüchtig und selbstverliebt durchs Leben gehen, immer verschlossen bleiben wird.

Ich mag diese seltenen Wesen, die nie ins Vernünftige, Gewöhnliche abgleiten, die die Wirklichkeit neu verzaubern, indem sie uns die Möglichkeit einer anderen Realität vor Augen führen. Dass jemand mit diesem Anspruch an seine Vorstellungskraft das Wagnis dann eingeht und vor allem niemals aufgibt, verdient zumindest Respekt.

Maud Fontenoy hat sich von der Menschheit wegbewegt, um sich ihr besser annähern zu können. Sie hat sich der Natur ausgesetzt, um sie besser erfassen zu können. Sie hat die Einsamkeit gesucht, um die Gegenwart anderer schätzen zu können. Sie hat die Anstrengungen, Qualen, Zweifel und Ängste auf sich genommen, nicht, um sich mit einem anderen Menschen, sondern an ihrer Vorstellung von sich selbst zu messen. Maud hat eine wunderbare Kraft in sich, die ihr hilft, sich über die Maskeraden und Vorurteile, die die zwischenmenschlichen Beziehungen verfälschen, hinwegzusetzen. Freiheit heißt auch und vor allem, sich von diesen Schranken zu befreien, die die Wahrheit, *ihre* Wahrheit kaschieren. Die Gesellschaft verlangt, dass wir konform sind, nachmachen, uns abfinden, gehorchen. Es tut gut, sich dieser sozialen Ordnung vorübergehend zu entziehen und seinen eigenen Weg zu gehen.

Interessanterweise hat Maud in ihrer Abgeschiedenheit, dadurch, dass sie sich dem Ozean ausgeliefert hat, Verbindungen zu Menschen, zur Natur, zum Planeten hergestellt. Diesem Planeten, der so eng und so riesig zugleich ist, fühlt sie sich verpflichtet, und sie ist eine seiner besten Botschafterinnen. Von Welle zu Welle hat sie sich zu sich selbst vorgearbeitet, sich nach jedem Rückschlag wieder aufgerichtet, mit dem festen Entschluss, diese Herausforderung geradlinig, offenherzig und lebensbejahend zu meistern. Das erfordert Besinnung, wie der Prozess der Veränderung auch, den sie erfahren hat, denn wenn man sich selbst nicht kennt, hat Veränderung keine solide Grundlage. Maud begnügt sich nicht damit, auf Antworten zu warten, sie hat sie sich von weither, aus den *Roaring Forties,* jenseits des 40. Breitengrads Süd, geholt.

Ihre Weltumseglung war, wie die Überquerungen mit dem Ruderboot auch, nie eine Flucht, sondern hat im Gegenteil eine Tür zur Wirklichkeit geöffnet.

Maud Fontenoy rückt den Horizont von Mal zu Mal in weitere Ferne und schafft sich dadurch Raum für ihre Träume. Und ich weiß, dass sie irgendwie auch schon einen neuen, unwiderstehlichen Ruf vernommen hat.

Nicolas Hulot

N O R D P O L A R M E[E]

Grönland

Alaska

K a n a d a

NORD-
AMERIKA

P A Z I F I S C H E R   O Z E A N

A T L A N T I S C H E R   O Z E A N

Salo-
monen

Humboldtstrom

SÜD-
AMERIKA

Brasilstrom

Falkland

Neuseeland

Feuerland

Westwindtrift

WEDDELLMEER

1 Sturm

oder Die Ausspeiungen des Teufels

Tief in der Wolke bläst das düstere Antlitz
des Sturms seine Backen auf.

VICTOR HUGO

Der Wind bläst uns grauschwarzen Nebel entgegen. Es ist erst acht Minuten nach zehn in der Früh, und schon verschwindet die Sonne wie ein sinkendes Schiff. Wir, mein Segelboot und ich, befinden uns südöstlich der Staateninsel und sind kurz davor, wie Shouten und Lemaire im Jahr 1616, das mythische, legendäre Kap Hoorn zu umfahren, das letzte Stück Festland am äußersten Ende Südamerikas. Der ungewöhnliche Schatten macht aus zusehends größer werdenden Wogen Gespenster, acht, neun, zehn Meter tief sind die Wellentäler. Das vom Wind gepeitschte Meer dampft vor Wut. Ich halte still. Dieses Mal will es der Ozean wissen. Das gefürchtete Tief hat uns jetzt erreicht, immer bedrohlicher bohrt es sich herunter und knurrt wie ein angriffslustiges Monster. Die See ist kabbelig, grimmig und schwarz wie Galle. Die verheerenden Windstöße holen sich ihre Beute, denn unser ganzes Universum tut sich inzwischen mit sehr schlechten Angewohnheiten hervor. So kommt es, dass das »blaue Gold« sich urplötzlich in trüben Stahl verwandelt und uns für unsere hoffnungslose Bestechlichkeit bestraft.

Ängstlich beschreibe ich meinem Meteorologen Richard Silvani über Satellitentelefon die Situation. Seine Analyse trifft mich wie ein Schlag ins Gesicht: Das Ganze soll 48 Stunden dauern.

Ich bereite mich auf den Ansturm der Fluten vor. Die *L'Oréal* wird zu meiner Festung. Ich ziehe mich warm an, zwei Hosen, zwei Paar

Strümpfe, zwei Pullover, eine Mütze, mein Ölzeug. Ich laufe das ganze Boot ab, um sicherzugehen, dass alles gut verstaut ist und nirgends etwas übersteht. Alles an Bord hat seinen Platz, alles muss festgezurrt sein, damit nichts umfällt oder an der Bordwand gegenüber zerschellt. Im Vorschiff, im Stauraum für die Segel, ertönt ein dumpfes, ungewöhnliches Geräusch. Ich muss nachsehen, was da los ist. Das Boot bäumt sich auf, das Meer ist immer aufgewühlter, jetzt wird mit Kanonen geschossen, wenige Zentimeter neben mir höre ich den Einschlag in der Bordwand. Wir machen einen Satz, die L'Oréal erbebt, hält aber stand wie eine Mauer, die mich schützt, komme was da wolle. Ich verkrieche mich ins feuchte, eiskalte Bootsinnere und taste mich an der unverkleideten Aluminiumwand entlang. Überall knarzt es, die Bleche biegen sich. Das Wasser kommt so nah heran, dass es uns wahrscheinlich bald unter sich begräbt. Ich stehe jetzt vor der wasserdichten Decksluke, die sich bei Seeschlag komplett verschließt; drüben ist immer noch das Klopfen zu hören. Hockt da in dem ungemütlichen Verschlag etwa ein Tier? Obwohl ich alles tue, um mich zu beruhigen, steigt Panik in mir auf; es ist lächerlich, aber ich kann nichts dagegen tun. Seit mittlerweile drei Monaten bin ich weit weg von allem, und in meiner Erschöpfung durch die langen Wochen auf See geht meine Fantasie mit mir durch. Es ist wie bei einem Kind, das vor lauter Angst vor dem Monster unterm Bett Bauchschmerzen bekommt. Mein Monster ist der Ozean: Unter mir liegt ein Brunnen scheinbar ohne Grund, ein Tiefseegraben von 6 000 Metern, von dem mich nur wenige Millimeter Blech trennen; eine permanente Bedrohung, die uns wie ein Albtraum verfolgt, wie ein düsteres Bild, von dem man nicht mehr loskommt. Die Luke ist enorm schwer, ich passe höllisch auf, dass sie mir nicht aus Versehen auf den Kopf fällt, und lasse mich ins Innere gleiten wie ein Dieb. Die Öffnung schnappt hinter mir gleich wieder zu. Es ist dunkel wie in einem Grab, modriger Geruch schneidet mir die Luft ab. Ich taste mich vor und klammere mich fest, damit ich bei den Bocksprüngen der *L'Oréal* nicht das Gleichgewicht verliere. Meine Stirnlampe wirft verhalten gelbes Licht nach vorn; ich konzentriere mich ganz auf diesen Punkt. Jetzt sehe ich es, es ist eine Seilrolle, die unten an den Mast schlägt und wie ein Hilferuf klingt. Dort ist der Stauraum für Segel, Essen, Beschläge und Wasserbehälter, dem die wütenden Elemente mit voller Wucht zusetzen. Ich prüfe, ob alles gut fixiert ist. In wenigen Stunden werden die Wellen wie eiserne Blöcke seitlich auf mein Boot eindonnern und so überaus riesig sein, dass sie alles umnieten. Wir sind dann nicht mehr als ein winziges, völlig belangloses Insekt, eine Fliege, der bei der kleinsten falschen Bewegung der Tod droht. Mir ist klar, dass es sehr schwierig sein wird, den Sturmangriff zu überstehen. Es gilt also, die eigenen Chancen noch zu verbessern, alles weitestgehend zu verstauen und sich zu wappnen. Aus den alten Wäschekörben schnappe ich mir etwas zu essen und zu trinken und sehe dann mit meinen Päckchen Gefriergetrocknetem und den Fläschchen mit Nahrungsergänzungssubstrat unterm Arm zu, dass ich aus dieser Falle so schnell wie möglich wieder herauskomme.

Im wütenden Klatschen der Flut sauste ich dahin,
Im vergangenen Winter, noch tauber als ein Kinderhirn,
Und die losgerissenen Halbinseln
Erlebten kein triumphierenderes Tohuwabohu.

ARTHUR RIMBAUD, DAS TRUNKENE SCHIFF

Als könnte ich mir dadurch etwas begreiflich machen und mich rechtfertigen, sehe ich in diesem Moment, da mich der Wahnsinn wieder packt, in den plötzlich aufreißenden Fluten eine Strafe, Seine Strafe, Seine Art, mich für meine Anmaßung, für diese unverschämte Überheblichkeit büßen zu lassen, die mich dazu getrieben hat, allein und ohne fremde Hilfe auf einem riesigen Boot die menschenfeindlichsten Meere des Planeten zu befahren. Und die mich jetzt, nach den schwelgerischen Tagträumen von Abenteuern und großen Weiten, zwingt, in mein Schwarzbrot zu beißen.

Ein mörderischer Lärm ertönt, ein Krach, der durch Mark und Bein geht, ein Getöse wie beim Weltuntergang. Mein Schädel ist kurz davor zu zerspringen, meine Schläfen pochen immer wilder wie eine verrückt gewordene Lokomotive. Mein Brustkorb krampft sich auf beklemmende Weise zusammen. Das Boot knarzt, zittert und stöhnt, als würde es sich genauso fürchten wie ich. Aber die *L'Oréal* lässt nicht locker. Es ist, als könnten die wütenden Sturmböen uns jederzeit den »Boden« entziehen. Der Ozean ist ein entfesseltes Monster, die Wellen sind sein Schlund, und bei jedem seiner Angriffe droht es uns erbost zu verschlingen. Die mächtigen Windstöße sind die Attacken der scharfen Krallen, und das, was vom Segel noch übrig ist, könnte bald auch in Fetzen liegen. Aufgebläht vor Hass, wirkt die Bestie wie von einer Krankheit gepeinigt, die sie auf grausame Weise so schikaniert, dass sie nur noch um sich schlagen kann. Ich leide mit, irgendwie brechen aus diesem gefährlichen Raubtier, das sich nicht beschwichtigen lässt, meine eigenen Qualen hervor. Ich zittere am ganzen Körper vor lauter Angst, mein Boot bald zerbersten zu sehen. Blankes Entsetzen – das trifft es. Der Teufel hat wohl beschlossen, mich zu sich zu holen. Habe ich meine Sache auf Erden nicht gut genug gemacht? Hat der Ozean kein Vertrauen mehr zu mir, zu uns Menschen? Ist Er vielleicht verrückt geworden, oder holt Er sich nur zurück, was ihm zusteht, wild entschlossen, den ganzen Planeten zu überfluten, alles mit sich zu reißen und rachsüchtig die Menschen für ihre Ignoranz zu bestrafen? Lässt Er die Bewohner der Erde bald schon an den Planken dahintreiben, an die sie sich verzweifelt klammern?

In Stiefeln und mit einem vor Kälte und Angst steifen Körper liege ich auf der Seite und drücke mich steuerbords an die Wand meiner Koje. Ich ziehe mir mein feuchtes Federbett über den Kopf, ich fühle mich wie ein Tier, völlig zerschlagen vor Müdigkeit und vergiftet von der Anspannung, die mich mit jedem Tag mehr im Griff hat. Alles in mir verlangt nach Schlaf, ein Gefühl der Lähmung macht sich in mir breit, verschlingt mich wie eine Wanne ohne Boden und versucht, meinen Willen zu brechen und alles zu tun, damit ich die Nerven verliere. Eine teuflische Versuchung, damit ich endgültig die Segel streiche, ein letzter Test meiner Widerstandsfähigkeit. Dieser Lärm macht mich fertig, dieses Furcht erregende Crescendo, das nach abrutschenden Berghängen klingt, nach entsetzlichen Erdbeben. Auch in mir scheint alles Risse zu bekommen und in sich einzustürzen. Werde ich mich im Ozean auflösen und für immer verschwinden? Ich wünschte, ich würde diesen Krach nicht hören und diese Wassermassen nicht sehen, die an die Bullaugen schlagen. Am liebsten würde ich wie ein Schwimmer abtauchen und meine Ruhe haben, in der Stille der Tiefen. Ich halte den Atem an, damit ich nicht mehr auftauchen muss, um Luft zu holen. Ich will vergessen, was mir widerfährt, ersticken, um es schneller hinter mir zu haben.

Ich bin ein Parasit auf dem Ozean, der so tut, als wolle er mich mit Hilfe seines Immunsystems wieder hinausbefördern. Ich klammere mich an mein Boot wie an eine Rettungsboje. Es ist das Einzige, was mich angesichts der tobenden Fluten noch vor dem Ertrinken, vor dem kompletten Verlassensein, vor dem sicheren Tod bewahrt. Es ist mein Zufluchtsort, meine Schutzhülle, meine Rüstung, ein Waffenbruder, der wohlwollend auf mich blickt, wie auch immer der Kampf steht. Wir machen uns gegenseitig Mut und schöpfen aus dem anderen die Kraft, die uns fehlt. Die Schlacht ist in vollem Gange. Von überallher prasselt es auf uns ein. Es fällt schwer, unter diesen Bedingungen auch nur annähernd Kurs zu halten.

Es ist, als stünde ich einsam und verlassen im Boxring und würde die linken Haken des Ozeans kassieren. Die *L'Oréal* torkelt, stürzt vom Wellenkamm herunter und schlägt mit dumpfem Krach auf. Durch die Erschütterung knallt mein Kopf gegen den Kartentisch. Ich schreie vor Angst oder vielleicht auch vor Schmerzen, ich weiß es selbst nicht. Aber ob k. o. oder nicht, ich darf nicht bis zur neunten Sekunde warten, um wieder aufzustehen. Drinnen hat sich irgendetwas gelockert, ein unheilvolles Rascheln von Fiberglas macht sich bemerkbar, wie die x-te Sanktion. Erschrocken blicke ich durchs Bullauge, die mörderischen Wellen springen mir entgegen. Ihre abscheulich grünliche Farbe lässt mich erstarren. Das Licht, das durch die dicken Wolken dringt, ist so blass, dass ich nur draußen etwas erkennen kann.

Wir befinden uns auf dem 55. Breitengrad Süd. Ich muss raus auf die Brücke, nachsehen, was gerade kaputtgegangen ist, und dann umschwenken, um nicht noch weiter Richtung Antarktis und deren Eisberge abzudriften. Der Regen prasselt nur so auf die Brücke und macht das Meer schwer, als würde Blei niedergehen. Am Kap der Guten Hoffnung war es Hagel, der uns peitschte und mir ins Gesicht schnitt. Nach draußen zu gehen bedeutet Gefahr für mich. Mein Atem geht schneller. Aber ich muss mich jetzt beeilen. Ich ziehe Rettungsweste und -hose an, die Handschuhe, und lege den Gurt an, wie eine Rüstung; alles ist klatschnass vom Meerwasser und eiskalt.

Ich sah die ungeheuren Sümpfe gären, Reusen,
Wo im Schilf ein ganzer Leviathan verfault!
Wasserstürze mitten in Windstillen
Und die Fernen zu den Strudeln hinabstürzend wie Katarakte.

ARTHUR RIMBAUD, DAS TRUNKENE SCHIFF

Ich passe den richtigen Moment ab. Der Anemometer, der mir die Windstärke anzeigt, ist ein guter Indikator. Und der Rest – reine Intuition? Dieses Mal sind die 55 Knoten amtlich, die Windungen des Monsters haben ihren Höhepunkt erreicht: Ich muss das Sturmsegel einholen. Ich atme tief durch, mache mir lauthals selbst Mut und öffne dann schleunigst die Ausstiegsluke. Augenblicklich schlägt mir der kalte Sturm ins Gesicht. Es ist eisig, die Wassertropfen stechen wie Nadeln im Gesicht und an den Händen. Der Wind pfeift schrill wie aus dem Jenseits. Es schüttet gnadenlos, die *L'Oréal* und ich dringen durch regelrechte Wassermauern, die einer mächtigen, sich in wogenden Bewegungen nähernden Armee gleichen. Das Biest atmet röchelnd, es zermalmt uns mit eisernem Griff. Ich habe mich mit dem Lifeline-Gurt – »Lebensleine« kommt hier nicht von ungefähr – an mein Boot gebunden, so wie ein Kind durch die Nabelschnur an seine Mutter gebunden ist. Mein Boot ist mein Zuhause, mein Kokon und in dem Teufelskessel heute mein einziges Überlebensinstrument. Das Cockpit habe ich gerade mit größter Mühe durchquert, jetzt heißt es auf Knien über die Brücke. Langsam nähere ich mich dem Bug. Das Boot ist ein Spielball der Elemente. Es schluckt, was es kann, und wird von den Wellen überschwemmt wie ein kleines Boot in der Badewanne unter laufendem Wasserhahn. Eine gigantische Wassermasse ist auf uns niedergegangen, die Fluten dringen durch meine Weste und laufen mir über den Rücken. Bibbernd schlucke ich Wasser und klammere mich an die Reling, um nicht fortgerissen zu werden. Die *L'Oréal* ist überschwemmt und neigt sich wie vom Blitz getroffen. Ich spüre, wie ich schwanke. Bin ich überhaupt noch an Bord? Die Reling verschafft mir Halt. Leise rufe ich um Hilfe: »*L'Oréal*, bist du noch da?« Mit aller Kraft packe ich den Handlauf. Mein Boot schwankt wie ein Stehaufmännchen. Wir sind wieder an der Oberfläche, den nächsten Atemzug behalte ich erst einmal bei mir wie einen Schatz.

Sich nach vorn orientieren ist das Nächste. Mein Vorteil ist, dass ich immer gründlich und gewissenhaft durchspiele, was zu tun ist, und die Dinge in meinem Kopf sortiere wie eine lange Aufgabenliste, wie die Prozessdaten einer Problemstellung, die der Reihe nach abzuarbeiten sind. Diese Strategie hat mich in den schlimmsten Situationen immer gerettet. Erstens: Pragmatisch bleiben. Zweitens: Sich am Großsegel festklammern, an der Lifeline, den Klampen, den Handwinden, was auch immer, und sich stets vor Augen halten, dass auf dem Meer nur eines wirklich wichtig ist: »Eine Hand für dich, eine Hand für's Schiff.« Mit anderen Worten: Gurte dich immer an, bevor du dein Manöver startest. Und noch ein Tipp unter Freunden: Halte immer Ausschau, wo du als Nächstes Halt finden und dich im Notfall festklammern kannst. Drittens: Beim nächsten Mal einen Freund oder eine Freundin mitnehmen, denn zu zweit geht alles leichter!

Das Meer ist ganz weiß vom Schaum auf den Wellen, die sich zuletzt in Lawinen verwandeln. Bei jeder Böe ist das Vorsegel zum Zerreißen gespannt; es sieht so aus, als könnte der 29 Meter hohe Mast jeden Moment umknicken. Ich sehe nichts, weil mir ständig Wasser ins Gesicht schießt und die Augen vom Salz brennen. Ich löse das Fall der Sturmfock und renne rüber zum Stag, um es einzuholen. Auf der Brücke kann ich vor lauter Wind praktisch nicht aufrecht stehen und muss mich mit krummem Rücken und gebeugten Knien am flatternden Segel festklammern, das sich nicht runterholen lässt. Ich hänge mich mit aller Kraft daran, aber es tut sich nichts. Ein plötzlicher Windstoß lässt das Segel krachen, die lockere Schot knallt wie ein Peitschenhieb und trifft meine Hände. Der Schrei bleibt mir im Hals stecken, es tut höllisch weh. Meine Unachtsamkeit wurde sofort bestraft. Der Daumen meiner linken Hand ist gebrochen, und meine rechte Hand ist auch übel zugerichtet. Ich unterdrücke ein Schluchzen: Ich muss jetzt endlich das Segel einholen und dann schnellstmöglich wieder unter Deck verschwinden. Die Wellen attackieren nach wie vor. Wie ein Roboter, der alle Hebel in Bewegung setzt, um sich in Sicherheit zu bringen, mache ich mich ganz steif und versuche, Schmerzen und Angst zu vergessen. Endlich gibt das Segel dem ruckartigen Ziehen zentimeterweise nach. Mit Mühe mache ich es am Handlauf fest und krieche dann völlig durchgefroren zum Cockpit. Dort bringe ich mein Boot wieder auf Kurs, mache das Steuer fest und gelange endlich taumelnd zurück in meine Kajüte.

Drinnen beiße ich die Zähne zusammen und ziehe mich ohne einen Mucks aus. Der Ozean verfolgt uns und trommelt an die Luken. Mir laufen die Tränen nur so übers Gesicht, meine Kehle ist zugeschnürt. Meine Hände sind doppelt so dick wie sonst und blau unterlaufen. Ich bin starr vor Kälte. Ein Blick aufs Thermometer sagt mir: drei Grad. Die *L'Oréal* bäumt sich ständig auf, wieder stoße ich mich, ich kann meine Hände nicht mehr bewegen, jede Bewegung ist eine Tortur. Ich muss mir etwas Warmes anziehen. Wo sind meine trockenen Sachen? Kann ich überhaupt noch weitersegeln?

Es ist erst 18 Minuten nach zwölf, es wird noch zwei Tage so weitergehen.

Ich telefoniere regelmäßig mit meiner Familie. Oft, wenn es hart auf hart kommt während der langen Stürme, wenn es nur noch darum geht, zu überleben und auszuharren, halten sie Wache, abwechselnd, wie auf See. Aus der elterlichen Küche, der Kommandozentrale an Land, rufen sie mich an, um sicherzugehen, dass ich noch da bin, und sich und mich zu beruhigen. Es dauert nur ein paar Minuten, manchmal nicht mal, aber es ist ein Ritual, durch das ich mich ihnen nahe fühle. Auf diese Weise habe ich auch einen funktionierenden Alarm und kann mal eine Runde schlafen, ohne die ständige Angst im Bauch, nicht rechtzeitig aufzuwachen (da mein Wecker schon mehrmals, nachdem das Boot ins Schlingern geraten war, irgendwo in der Ecke lag, ohne geklingelt zu haben). Es ist allerdings auch schon vorgekommen, so viel nur am Rande, dass mein Bruder Roch die vereinbarte Zeit auf dem Küchenboden verschlafen hat! Was sie nicht wissen ist, dass ich trotzdem nicht richtig schlafen kann. Das Boot schlägt so heftig auf, dass ich mich ständig irgendwo festklammern muss, um mir nicht an der gegenüberliegenden Wand den Schädel einzuschlagen. Jedes Mal, wenn das Satellitentelefon klingelt, merke ich, dass ich gar nicht so sehr mitbekomme, was sie sagen, aber ihre Worte und den Klang ihrer Stimme regelrecht aufsauge, jede noch so kleine Veränderung im Tonfall, wie eine Melodie, die ein paar kostbare Sekunden lang die Elemente zum Schweigen bringt, ein zartes Murmeln und Flüstern von anderswoher, das mich meine Not einen Moment lang vergessen lässt.

Der Sturm segnete mein Erwachen auf See.
Leichter als ein Korken tanzte ich auf den Fluten,
Die man die ewig rollenden Beweger von Opfern nennt,
Zehn Nächte lang, ohne die albernen Augen der
Hafenlaternen zu vermissen.

ARTHUR RIMBAUD, DAS TRUNKENE SCHIFF

Meine Lebenszelle, die über und über mit den Zeichnungen meiner Kleinen Abenteurer – der Kinder aus Meaux, die meine Weltumseglung eifrig verfolgen – dekoriert ist, mit Talismanen und Fotos von meiner Familie und von Freunden, und die normalerweise so freundlich und beruhigend wirkt, verwandelt sich jetzt in die enge Sphäre meiner Ängste, der Angst unterzugehen vor allem, die mich zermürbt. Die vier Wände meiner Koje werfen mich ständig auf meine folgenschwere Entscheidung zurück, aber auch auf meine Zweifel und meine schwarzen Gedanken, denen ich zu entkommen versuche. Noch eine Stunde, und ich gebe nicht mehr viel auf unser Leben. Die *L'Oréal* schaukelt herum wie ein Hampelmann, der Kampf ist sinnlos, das bislang Erreichte völlig unerheblich. Meine Botschaft von Willensstärke, Durchhaltevermögen und Unternehmungsgeist, die ich den Kindern vermitteln wollte, scheint im tosenden Sturm auf der Strecke geblieben zu sein. Ich habe keinen Mumm mehr. Mein großer Traum ist dabei, in dieser riesigen Weite, die mich einfach schlucken würde, unterzugehen. Vor dem Untergangsszenario, fernab der Realität, in dem infernalischen Wirbelsturm, lösen sich alle Zusammenhänge auf. Ich bin völlig durcheinander, und meine Ideale schwinden dahin. Nur eines weiß ich sicher: Ich bin unbedeutend und vergänglich, und die Erde wird sich weiterdrehen, mit mir oder ohne mich!

Wir sind die Sandburg am Strand, die bei steigendem Meer einfach weggespült wird. Die Dinge gehen ihren Gang und lassen sich nicht aufhalten. Und man ist ihnen von morgens bis abends ausgesetzt. Nein, lieber Leser, es reicht nicht, sich anzustrengen. Es kann Stunden oder Tage dauern, in denen du über nichts mehr Kontrolle hast. Die weiße Fahne zum Zeichen der Kapitulation ist eine Chimäre. Nur die Stellung halten, sich festklammern, ausharren. Kraft vom Vortag für den Tag danach speichern, haushalten, ja nicht vergeuden. Sich schonen, wie es irgend geht, bis die Strafe aufgehoben ist. Ja, ich habe gebetet. Ich habe den Himmel, die Erde, das Große Universum angefleht, ohne genau zu wissen, wie. Ich habe inständig darum gebeten, dass mir all jene verzeihen, denen ich nicht genügend Zeit gewidmet und die ich, ohne es zu merken, gekränkt habe. In einem solchen Moment sagst du dir, dass nichts mehr so sein wird, wie es war, wenn du die Sache heil überstehst. Und das ist auch so.

Bei dem Flieger Henry Guillaumet, der beschreibt, wie er nach dem Flugzeugabsturz in den Anden überlebt hat, heißt es, am schwersten sei es ihm gefallen, nicht daran zu denken, in was für einer hoffnungslosen Situation er war. »Aber mein Gehirn hatte ich nicht unter Kontrolle, es lief wie eine Turbine.« An diesen Satz muss ich denken, denn mein Gehirn läuft ebenfalls auf Hochtouren. Zwischen *Warum?* und *Wie lange noch?* geht es ununterbrochen hin und her. Ich frage mich, ob ich gerade meine letzte Karte ausspiele. War der Einsatz zu gewagt? Ist die Partie verloren? Wo ist mein Joker?

Vor überfüllten Metros und Luftverschmutzung bin ich geflohen, und jetzt stehe ich da. Das Leben, mein Leben, ist zum Luxus geworden.

Ich, der zitterte, als ich auf fünfzig Meilen das Stöhnen
Der brünstigen Behemothe und die dichten Maelströme hörte,
Ewiger Segler der blauen Unbeweglichkeiten,
Ich vermisse Europa mit den alten Brustwehren.

ARTHUR RIMBAUD, DAS TRUNKENE SCHIFF

Ich kauere mich zusammen und ziehe den Kopf ein, ich gebe nach wie das Geäst eines Baumes im Wind. Die Nacht will nicht vorübergehen. Ich rette mich in meine Gedanken und versuche, zuversichtlich zu sein. Die Lagune meiner Träume, Wasser, durchsichtiger als Luft und glatter als eine Fläche aus Glas. Ich harre dem Morgengrauen entgegen wie einem Idyll, so wie man von einer kleinen Bucht träumt, in der man anlegt, und von einem feinen, goldfarbenen Sandstrand, an dem man sich lang ausgestreckt in die Sonne legt. Ich denke an den Morgentau, der den Wäldern ihre Feuchtigkeit gibt und die Blumen ihren Duft verströmen lässt. Ich bete, dass die Sonne, der unversiegbare, Gold sprühende Quell, sich am Morgen wieder zeigt.

Aber nichts kann mich beruhigen, es ist, als würde ich den Verstand verlieren ... Ich möchte alles herausschreien. Diese Strafe setzt mir so zu, dass ich mir alles zerkratzen könnte. Alles geht durcheinander, ich streiche mir über das Gesicht und die Haare und torkele in meiner Kajüte hin und her, ich kann nicht still sitzen, es juckt mich am ganzen Körper ... Ich zwinge mich, ruhig durchzuatmen, alle Fragen aus meinem Kopf zu verbannen, meinen Körper von seinen Dämonen zu befreien. Sich vollkommen entspannen. Die Sekunden verrinnen tröpfchenweise wie Blut, ich spüre, wie meine Kraft mich verlässt. Komischerweise habe ich eine konkrete Vorstellung, die mich am Leben erhält, und das ist der tiefe Wunsch, mein Leben weiterzugeben. Ich will ein Kind, und dieser Wunsch ist seit über zehn Jahren so stark und so tief in mir verwurzelt, dass ich weiß, dass ich heute gar nicht untergehen *kann,* nicht hier – unvorstellbar! Ich halte meinen Traum von einem Kind ganz fest, diese Zukunft, die mich erwartet, diesen Faden, der mich zurück an Land führen wird, ich bin mir sicher. Für den Traum muss ich leben.

In Wirklichkeit dauerte der Sturm drei Tage, es war der schlimmste während der gesamten Umseglung. Nach einem Gefecht über Stunden und Stunden erfolgt also der Rückzug. Der Ozean lässt uns wie tot zurück, blutleer und zerschunden. Langsam ziehen die Böen weiter. Das Tier schluckt seine Wut herunter und zieht die Krallen endlich wieder ein. Aber ich spüre, dass es noch da ist. Erst morgen wird alles vorbei sein, es dauert, bis sich die Elemente wieder beruhigt haben. Und die Genesung dauert auch. Ich bin in einem erbärmlichen Zustand. Dabei sind die Brüche nicht das Schlimmste, wie man sich denken kann. Innerlich schaut es noch ganz anders aus, dort klafft eine riesige Wunde, aber wie soll ich das beschreiben? Furcht hat mich überzogen wie ein wasserfester Anstrich. Mein Ängste quälen mich wie ein böses Schicksal. Ich weiß, dass es sehr lange dauern wird, ehe diese Brandwunden der Seele wieder verheilt sind. Die letzten drei Tage haben sich mir eingebleut wie eine Lektion, die man nicht mehr vergisst, wie der Knoten im Taschentuch, der einen im richtigen Moment daran erinnert, dass es keine Krise gibt, die schlimmer wäre als der Tod. Der Regen hat aufgehört, Tränen laufen mir über die Wangen. Mein Boot ist noch flott, wir klammern uns beide an die Oberfläche wie an eine zweite Chance. Auf der Brücke ist nichts mehr, das Wasser hat alles wegge-spült. Die roten Segel haben auf die Taue abgefärbt; die *L'Oréal* sieht aus, als würde sie überall bluten. Der Himmel ist noch düster, große schwarze Wolken hängen darin, die von den chaotischen vergange-nen Stunden künden. Am liebsten würde ich alles vergessen.

Doch wahr, ich hab zuviel geweint, das Morgengraun ist qualvoll,
Jeder Mond ist grässlich und jede Sonne bitter:
Die herbe Liebe ließ mich schwellen mit berauschender Starre.
Oh dass mein Kiel zerbräche, oh dass ich im Meer versänke!

ARTHUR RIMBAUD, DAS TRUNKENE SCHIFF

Die eigentliche Frage aber ist, ob ich trotz des hohen Preises, den ich zahle, trotz der drakonischen Strafe auch nur wenige Minuten die-ser absoluten Grenzenlosigkeit auf dem Meer gegen ein sehnsüch-tiges Leben, eingesperrt in vier Wände, eintauschen würde.

Den Duft der Freiheit und der Südmeere, die ich noch für unbe-rührt halten möchte, habe ich mit allen Poren eingesogen. Und ich werde es weder bedauern noch vergessen. Das genussvolle Wogen muss man erlebt haben, um es zu begreifen. Genauso wie man nicht mehr ohne Liebe sein kann, wenn man ihr begegnet ist, weiß ich, dass ich dieser Intensität mein Leben lang auf der Spur sein werde. Nicht, weil ich mein Leben so gern aufs Spiel setze. Weil ich es im Gegenteil so sehr liebe, dass ich alles dafür riskieren würde.

2 Warum

oder Auf der Suche nach dem inneren Pol

Um sich aufrichten zu können, muss man sich zunächst
in die eigenen Abgründe begeben haben.

VOLTAIRE

Eine klare Frage verlangt auch nach einer klaren Antwort: Weil ich das unangenehme Gefühl hatte, wie ein Stück Zucker in einem Glas Wasser in eine Existenz hineinzugeraten, die mir nicht entsprach.

Die unermessliche Weite ist etwas, was mich fasziniert: Ob es der Blick über die Dächer von Paris war, den mir früher mein Beruf als Immobilienverwalterin regelmäßig bot, oder der Blick aufs Meer, den ich mir in jedem freien Moment gönnte – es ist der Horizont, der nicht zu greifen ist, die sinnliche Einladung zu einer Reise in die Innenwelt, die ich unendlich genieße. Auf dem Meer, in den Nächten unter freiem Himmel ohne alles Überflüssige, ohne Komplexe oder Zeitplan, bin ich außer mir vor Freude. Das ist natürlich nicht die gewohnte Sicherheit, das ist nicht so zahm und vernünftig und gemütlich, da stimme ich zu, aber glaubt mir: Diese unmenschliche Grenzenlosigkeit lässt einen vor Glück erschaudern. Es ist grandios.

Ich habe mich also in erster Linie aus Lust und Liebe zum Leben aufgemacht. Es ist ein gieriges Verlangen danach, etwas zu tun und es gut zu tun, eine extreme Leidenschaft. Ich habe nur eines im Sinn: nicht den kleinsten Krümel meiner Existenz, nichts von der mir geschenkten Zeit zu vergeuden. Ich bin hungrig auf alles, auf die edleren und die weniger edlen Stücke. Ich will nicht aus Gedankenlosigkeit oder aus Angst vor bösen Überraschungen irgendetwas verpassen. Mit dem Geschmack ist es wie mit allem: Er will erlernt sein. Mit der Zeit ist mein Gaumen wählerischer geworden. Ich habe gelernt, die Nuancen wahrzunehmen. Und mein Körper und meine Seele verlangen nach mehr. Ich habe einen unstillbaren Hunger nach Farben, Tiefgang, Einfachheit, und Intensität. Ich bin wie versessen auf die geheimnisvolle Alchimie mit der bloßen Natur, die Begegnungen mit den Meerestieren, ohne Angst und Macht. Ich stille meinen Hunger an Wind und Gischt, die einen von allem Unnötigen befreien. Als jemand, der seine Kraft aus der Freiheit bezieht und gar nicht genug davon kriegen kann, ergötze ich mich an diesen begnadeten Momenten wie an erlesenen Speisen, die die Zeit vorübergehend zum Stillstand bringen. Das alles, lieber Leser, heißt auch immer wieder Zusammenbrüche, monatelange Arbeit und Tausende und Abertausende Seemeilen. Der Weg dorthin ist weit, sehr weit, oft beschwerlich und nie schon im Vorfeld gemeistert, aber wenn wir bis an unsere Grenzen gehen und unseren Wurzeln nachspüren, wenn wir unsere innersten Widersprüche aufdecken und diesem Kribbeln auf den Grund gehen, das uns erst zu Menschen macht, dann ist das nie vergebens: Man erlebt ganz und gar die Befriedigung, am Leben zu sein, und das ist die Sache wert: Der Erfolg entschädigt allemal für sämtliche Erwartungen!

Mein innerer Widerspruch liegt wohl darin, dass das, was mir immer wieder Angst macht – die Blicke der Anderen, die Stürme, der Tod –, gleichzeitig das ist, was mir diese kostbare Autonomie, diese absolute Freiheit überhaupt erst beschert. Um beschenkt zu werden, muss man geben können und sich einer Sache ganz widmen, bestens vorbereitet, aber ohne Seil und doppelten Boden. Man muss sich damit abfinden, dass sich das erste Schleusentor erst schließen muss, damit sich das zweite öffnen kann. Diese Fülle, nach der ich suche, muss man sich jedenfalls verdienen. Sie stellt sich nicht ein, wenn man die Füße hochlegt oder sich immer nur an seiner Armbanduhr orientiert! Interessanterweise bringen meine Zweifel, Befürchtungen und Ängste mich dazu, über mich hinauszuwachsen, mich zu entfalten und dadurch auch wohl zu fühlen, was keine Selbstverständlichkeit ist. Mit Hartnäckigkeit und Entschlossenheit gelingt es mir, die wundersame Mauer zu durchstoßen, hinter der das Unmögliche, das man sich aus mangelndem Draufgängertum oder aus Angst vor dem Scheitern verkneift, eben doch möglich wird. Manche nennen es Mut, andere »eine Spur Verrücktheit«. Ich persönlich glaube, dass das, was mich über die »unvernünftige« oder eher »außergewöhnliche« Seite hinaus dazu bringt, das Unbekannte zu suchen, ganz einfach eine Frage der Lust ist. Der Appetit, der uns vom ersten Tag an stimuliert, die Lust voranzukommen, ganz gleich, auf welchem Weg und mit welcher Geschwindigkeit.

Wer bin ich?

Eine junge Frau, die, wie etliche andere auch, auf den Müslipackungen nach den Kalorien schielt, sonntags bis auf den letzten Drücker im Nachthemd herumläuft und vom Traumprinzen, von niedlichen Babys, einem schönen Haus am Meer und interessanten Begegnungen träumt – und vor allem davon, glücklich zu sein!

In mir war aber immer auch eine Energie, für die es kein Ventil gab, ein ständiges Kribbeln im Bauch, das einem sagt, dass man woanders hingehört. Es ist nicht leicht zu beschreiben und kommt vielleicht auch gar nicht so oft vor, aber sicher weißt du, was gemeint ist. Vielleicht ist es dir sogar schon ähnlich ergangen. Tief in meinem Innern war der Wunsch nach Veränderung, das Bedürfnis, die Schranken niederzureißen, endgültig wieder mit Körper und Seele im Einklang zu sein und aktiv zu werden. Zeitweise war mir, als bekäme ich keine Luft mehr. Ich fühlte mich unwohl, wie gefangen in meinem Körper. Ich brauchte Luft, Raum, Weite … Etwas rief mich ständig zur Ordnung und befahl mir, den einmal beschrittenen Weg fortzusetzen und mein Werk zu vollenden. Zigmal hätte ich mich am liebsten schreiend davon befreit.

Meinen inneren Frieden finde ich auf dem Meer, wenn ich mich an der Kraft des Ozeans messe: Unsere Kräfte gleichen sich aus, die Leere weicht, ich komme zur Ruhe. Meine erste Fahrt, die Art und Weise, wie ich meine Abenteuer gestalten wollte, waren das Schlüsselerlebnis. Ich ließ meinem überschäumenden Innern, das in meinem Leben als »Erdbewohnerin« nicht zum Zuge kam, endlich freien Lauf.

Eines Tages also beschloss ich hungrig, mich zu Tisch zu begeben. Vollkommen frustriert hockte ich allein auf dem Wohnzimmersofa, um nachzudenken, und zwang mich, die eigenen Abgründe zu erkunden. Wenn man seinen Kurs ändern und gegen den Strom schwimmen will, muss man sehr genau wissen, was das im Einzelnen bedeutet, und hundertprozentig ehrlich mit sich sein. Zeit zum Nachdenken zu haben ist mir immer schon wichtig gewesen. Was sind meine wirklichen Beweggründe? Wonach suche ich? Laufe ich vor etwas weg? Bei einer so eingehenden Prüfung wird man zwangsläufig wieder mit der Angst vor dem Scheitern konfrontiert, mit Zweifeln, die einen befallen, mit der Furcht zu straucheln, nicht mehr zurückzukönnen und Federn zu lassen, mit der Angst, die Blicke der anderen wie eine Last zu spüren, die einen herunterzieht. Immer, wenn ich so in mich gegangen bin, stand das, was ich wollte, nachher auf soliden Füßen. In solch einer Phase muss man sich die Zeit nehmen, um das Fundament in Beton zu gießen, damit man später darauf bauen kann. Diese Grundlage ist unverzichtbar, damit man sich dann, wenn es unweigerlich hart auf hart kommt und die ersten Zweifel auftauchen und es einen zwischenzeitlich aus der Bahn wirft, darauf stützen kann, und man wieder Kraft schöpft und von vorn beginnt. Mein Instinkt rief mich also zum Meer, so wie der Vogel immer zu fliegen versucht. Ich weigerte mich, den Realitäten noch länger zu trotzen, und begab mich, wie ein Tier, das nichts anderes will als zurück in seinen Lebensraum, wieder aufs Meer, das mich fast 15 Jahre lang sanft gewiegt hatte. Ich holte tief Luft und tauchte mitten ins Unbekannte ein. Seither hat der Wind diese Flamme der Sehnsucht, die in mir brannte, immer wieder entfacht.

Seit meiner Geburt bin ich für den Ozean bestimmt, dem man mich schon am siebten Tag überlassen hat. Die Begegnung mit dem Meer war für mich ein Idyll, eine von den Liebesgeschichten, die auf einem Bett aus Rosenblättern beginnen. Das Meer war friedlich und begehrenswert, sanft und anschmiegsam, so ruhig, maßvoll und duldsam wie ein Bergsee. Es hat mich getragen, umschmeichelt, mir beigestanden, indem es mir keine Ungeschicklichkeit krummgenommen hat. Auf der Brücke unseres Familienschoners *Gwenbleitz* hat es mich diskret und geduldig ermutigt, die ersten Schritte zu machen.

Heute verhält es sich natürlich anders: Ich weiß, wie grausam und bedrohlich der Ozean sein kann. Wie oft habe ich erlebt, wie er sich innerhalb von wenigen Stunden komplett verwandelt hat. Nachdem er morgens noch ganz still gewesen ist, wird er mit einem Mal unkontrollierbar, ein Alien, bei dessen Anblick dir vor Angst das Blut in den Adern gefriert, der alles auf seinem Weg auseinandernimmt und das geliebte Boot in ein Stück Treibholz verwandelt. An der Küste kann man ihn wüten sehen, wenn er sich auf die Felsen stürzt und seinen Hass und Groll an jedem Fetzen Land auslässt, dem er unterwegs begegnet, als wolle er alles in schäumender Gischt aufgehen lassen.

Aber wie launisch er auch sein mag, ich liebe ihn.

Nur betrachte ich ihn jetzt mit anderen Augen: Zwischen meiner idyllischen Kindheit und dem unerbittlichen, wilden Meer, dem ich mich jetzt allein aussetze, liegen etliche Jahre. Ich sehe genauer hin: Zwar haben sich die Perspektiven verändert, doch sind sie noch genauso faszinierend und verlockend. Und so habe ich mich von klein auf wie eine Spinne, die mit größter Umsicht an ihrem Netz arbeitet, peinlich genau auf diesen Lebensweg vorbereitet, der – dessen war ich mir sicher – mich immer wieder geradewegs aufs weite Meer führen würde.

Zu meinem Leben gehörte aber auch ein irrsinniges Ärgernis: Ich war seekrank. Eine bittere Wahrheit und schon mal das Erste, wofür es Rache zu nehmen galt: Denn ich hatte gegen die offenkundige Tatsache anzukämpfen, dass ich im Gegensatz zu meinen beiden Brüdern, Yann und Roch, die sich auf dem Schoner pudelwohl fühlten, wohl kaum je allein auf den Weltmeeren unterwegs sein würde. Keine kleine Herausforderung, aber schon damals hatte ich ein großes Prinzip im Kopf, das mich seither auch nicht mehr verlassen hat: »Niemals nie sagen.« Ich dachte an Biber, wie sie Schritt für Schritt, Zweig für Zweig, Ast für Ast Flussläufe umleiten, um ihre Bauten zu errichten. Ein schönes Beispiel dafür, dass nichts unverrückbar ist und wir alle in uns die Kraft haben, alles zu verändern. Das dauert oft seine Zeit, aber heißt es nicht immer: »Was zählt, ist das Ergebnis«?

Dass meine Eltern zusammenkommen würden, war eigentlich höchst unwahrscheinlich. Maman war ein junges Mädchen aus gutem Hause, immer adrett, gründlich und ordnungsliebend, das Abbild der fleißigen Schülerin, die – natürlich ohne sich dadurch von ihrem Pharmaziestudium ablenken zu lassen – sich dann aber doch in ihre Antithese verliebte: meinen Vater, einen schlecht frisierten Unruhestifter und notorischen Nonkonformisten, der sich deutlich mehr damit beschäftigte, die Weltmeere zu befahren, als brav die Bänke in der Pharmaziefakultät zu drücken, auf denen der Zufall die beiden zusammengeführt hatte. Maman schloss ihr Studium also als Einzige von beiden ab. Papa dagegen fertigte, nachdem er sich eingehend mit Schiffsbau beschäftigt hatte, die Pläne für einen 17-Meter-Schoner an, den er dann auch in seinem Garten baute. Es folgte ein erster Törn in die Antillen mit meinem großen Bruder Yann und, als Mamans Bauch zwei Jahre später allmählich zu viel Platz beanspruchte, die Rückkehr in die Brie, den heimatlichen Stützpunkt der Familie, anlässlich meiner Geburt. Nein, ich bin nicht mit dem Kopf und den Füßen im Wasser auf die Welt gekommen, sondern schlicht und ergreifend im Krankenhaus der Stadt Meaux, eine Stunde östlich von Paris, unweit der Weizenfelder, der riesigen Kornebenen und der Champagne. Ich gestehe, dass ich dort nicht lange blieb: Sieben Tage nach meiner Geburt – am 7. September 1977 (um sieben Uhr im Departement 77!) – bestiegen wir zu viert wieder das Boot, das am Ankerplatz Seite an Seite mit der *Horizon* auf uns wartete, dem Schiff unseres Freundes Jean Daniel, seines Zeichens Fischer in Riec-sur-Bélon, dem kleinen Hafen in der Bretagne, und stachen erneut in See.

Maman Chantal war alles andere als eine Seefahrerin. Sie, die aus Lyon stammt und immer seekrank wird, die praktisch allergisch gegen Wasser ist und weder gern baden geht noch langen Schiffsreisen etwas abgewinnen kann, war keine Frau, die ohne Weiteres die Meere befuhr. Und dennoch folgten 15 Jahre des Lebens auf See. Die Liebe vollbringt Wunder, man muss nur daran glauben! Widerwillig ließ sie sich also auf ein ihr fremdes Ambiente ein, das ihr Übelkeit verursachte, und sorgte so dafür, dass ich, ihre geliebte Tochter, auf den Geschmack kam und mein »Pakt mit dem Meer« geschlossen wurde, der auch mein Leben lang bestehen wird (zumindest sieht es ganz danach aus!). Meine erste Atlantiküberquerung verbrachte ich in den Armen dieser jungen hübschen Frau, die während der 30-tägigen Fahrt seekrank und erschöpft unter Deck in ihrer Koje lag und sich zwischendurch nur dann nicht erbrach, wenn sie mir die Windeln wechselte, mich stillte und mir den Bauch abküsste. Die Seekrankheit habe ich also von ihr, nur dass es sich bei mir nach einigen Tagen, spätestens einer Woche, wieder legt.

Nach dem, was Maman erzählt, war ich ein »liebes, aber sehr eigensinniges« Mädchen: Ich wollte immer alles selbst machen. Da ich so erzogen wurde wie meine zwei Brüder, musste ich sehr schnell auch mit einem Werkzeugkasten und Handwerkszeug jeder Art hantieren können. Wenn man hinfiel, gab es keine Tränen: Aufstehen, und die Sache war wieder gut. Wir waren keine schwierigen Kinder, und diese einfache Erziehung ist auch der Grund, weswegen ich mich heute auf dem Boot in meiner feuchten, kalten Koje wohl fühle. Yann war der ruhige, reservierte große Bruder, den man nicht nerven durfte; der jüngere Roch war mein Liebling und Verbündeter bei allen Abenteuern. Wir sammelten herumstreunende Hunde ein, züchteten Kaninchen, retteten Vögeln das Leben, bauten Hütten und fingen Entenküken, als wir auf dem Hausboot wohnten ... Ich liebte es, in der Natur zu sein. Mein Engagement für die Umwelt, von dem später noch die Rede sein wird, hat vor allem mit der Liebe zum Leben und zur Natur zu tun. Und die, davon bin ich überzeugt, wurde mir in meiner Robinson-Crusoe-Kindheit eingeimpft.

Ich habe keine präzisen Erinnerungen an diese ersten Jahre, anders als so viele Menschen, deren Kindheit unauslöschlich wie auf einer Schriftrolle festgehalten ist, die sie als Erwachsene immer wieder hervorholen und bis ins Detail wiedergeben. Für meine Eltern war Freiheit die einzige Regel im Leben, das sich ohne Telefon, fließendes Wasser und Heizung abspielte. Sie arbeiteten, aber nicht unter dem Gesichtspunkt der Produktivität, nicht für Geld. Nichtstun war jedoch nie angesagt. Arbeiten hieß tägliche Unterwasserjagd, um die Familie zu ernähren, das Boot reparieren, Kleidung nähen, uns unterrichten und vieles andere mehr. Meine Kindheit war eine herrliche, sanfte Brise, eine Dauerverabreichung von tropischem Wind. Meine Brüder und ich waren drei Blondschöpfe, die mitten in der Natur aufwuchsen und mit Tintenfisch, Papageienfisch, Langusten und dem, was an Obst und Gemüse so wuchs, verköstigt wurden, sorglos wie die meisten Kinder, aber besser beschützt vor der Aggressivität oder gar Gewalt im gesellschaftlichen Alltag. Auf dem Boot waren wir nackt, so wie ich es auf See in wärmeren Breiten auch heute bin. Wenn ich meine Hülle und damit auch viel von der hartnäckigen Voreingenommenheit von uns Erdbewohnern abgelegt habe und mich ohne alles Überflüssige so nehme, wie ich bin, kann ich nachher, wie ich glaube, auch leichter die anderen mit ihren Unvollkommenheiten akzeptieren. Wir waren mittendrin und ließen die Füße im Wasser baumeln, ein Bedürfnis nach anderen Kindern kannten wir nicht, deren Eifersucht und Bösartigkeiten auch nicht, weder Lügen noch Brutalität – wir lebten ganz einfach. Ich erinnere mich nur an Stimmungen, an ein wohliges Gefühl, kurze Momente, an Salz und Sand auf der Haut, an die Plastiklatschen an meinen Füßen, die ich trug, damit ich mich nicht an den Korallen verletzte, und die ich sofort wieder auszog, wenn wir zum Boot zurückgeschwommen waren. Ohne sie fühlte ich mich gleich befreit. Sicherlich habe ich durch diese Erfahrung auch zum ersten Mal realisiert, dass alles relativ ist: Ich legte das Gewicht an den Füßen ab und war wieder federleicht. Diesen Kontrast erlebe ich heute noch, wenn ich das Land verlasse und an Bord gehe: Ich fühle mich sofort »erleichtert«. Erinnern kann ich mich auch an den Geruch von Jod, an den Duft der Blumen und Früchte auf den Inseln, den von Mangos vor allem, die wir an Bord verputzten, bevor wir in die Lagune abtauchten, um uns ihren klebrigen Saft wieder von der Haut zu waschen. Ich erinnere mich an einzigartig schillernde Farben, an das Rot von Hibiskus und das leuchtende Rosa von Bougainvillea und das zartere Rosa der Mandelblüte, ganz zu schweigen natürlich vom Blau, das in meiner Kindheitswildnis vom Boden bis an die Decke reichte. Meine Erinnerungen sind lautlos. Ruhe und

Gelassenheit, das ist das stärkste Gefühl in mir. War ich Zuschauerin? Nein, ich glaube nicht, dass das die Antwort ist. Die Erklärung liegt vielmehr darin, dass auf einem Boot nicht geschrien wird. Alles geht leise vonstatten. In dieser heiteren Umgebung jedenfalls wuchs ich heran. Und das verfolgt mich bis heute: Ich habe eine ernsthafte Abneigung gegen Streitereien, Geschrei und Wutausbrüche. Als Kind habe ich oft still für mich allein gespielt. Herumtoben mit meinen Brüdern war verpönt. Auf dem Boot musste man immer aufpassen. Tatsächlich kann man sich schnell verletzen oder gar ins Wasser fallen. Wenn wir unterwegs waren, musste ich mit meinen Geschwistern meistens unter Deck in unseren Kojen bleiben, damit wir nicht ständig von einer Seite auf die andere geschleudert wurden. Das störte mich nicht, es war eben so. Ich redete ganz leise mit meinem Puppenbaby, das täuschend echt aussah, ich zählte die Knoten im Netz, das mich davor bewahrte, aus dem Bett zu fallen, und hängte mich wie ein Äffchen daran. Auch hier habe ich die Erinnerung an Stille. Dabei kann das Meer weiß Gott ganz schön laut sein! Rief mein Vater nach meiner Mutter, damit sie bei den Manövern half? Lief er über mir auf der Brücke herum? Ich weiß es nicht mehr. War ich in einer Luftblase? Irgendwie schon, denn in meiner Koje fühlte ich mich wie im Mutterleib, geschaukelt von den Bootsbewegungen, meiner Wiege, meiner Hütte, dem Zuhause, das ich seit jeher kannte. Das »Fruchtwasser« war nicht weit weg. Es schlug zärtlich an die dünne Bootswand, durch die es leise mit mir sprach. Ich legte mein Ohr an die Spanten und hörte das Meer beruhigend durch mich hindurch. Waren wir Außenseiter? Durch unsere Art zu leben wahrscheinlich schon. Vor 30 Jahren war das eher unüblich. Das Boot war für manche eine Utopie, eine Insel, für uns fünf aber das Natürlichste auf der Welt.

Und dann der Donnerschlag ... Unter dem Vorwand, wir sollten jetzt einmal die andere Seite des Spiegels kennen lernen, das »wirkliche Leben«, beschloss Papa plötzlich, aufs Festland zurückzukehren. So wurde es auch gemacht. Und mit einem Mal fand ich mich etwas ahnungslos mit schlenkernden Armen an Land wieder. Angeblich, um den restlichen Planeten zu erkunden. Dummes Geschwätz!

Zurück in der Metropole, wurde ich kurzerhand in der Schule abgesetzt, wie ein Fisch, den es an Land gespült hat – ein echter Schock.

Ich bin mir ziemlich sicher, dass ich von meinem Vater meine leicht rebellische Seite habe, meinen unbedingten Willen, anders zu sein, nicht um mich mit allen Mitteln abzuheben, sondern um für meine Identität einzustehen, egal um welchen Preis. Es so zu machen wie alle anderen, den ausgeschilderten Einheitsweg entlang – das war nichts für mich. In der 13. Klasse besuchte ich als Internatsschülerin am Stadtrand von Paris zum ersten Mal eine öffentliche Schule. Beim Gedanken an den Pausenhof, den ich hasste, stellen sich mir noch immer die Haare auf. Die Menge – eine klebrige, in jeder Hinsicht uniformierte Masse, in der das Individuum nicht existiert. Eine Welt, in der du, um zu existieren, zwangsläufig in der einen oder anderen Kategorie landest und nicht mehr du selbst bist, sondern nur das, wozu andere dich machen wollen. Ich war entsetzt von den Menschen, die ich zu entlarven glaubte, von der Jugend, der ich mich nicht zugehörig fühlte. Ich war nicht in meinem Element, es war eine kalte Dusche.

Danach war ich wieder auf dem Meer unterwegs, im Vertrauen auf meine Theorie, nach der es mir, wenn ich mich selbst besser kenne, auch eher gelingt, an meine Mitmenschen heranzukommen. Auf dem Meer ziehe ich vielleicht eine Art Zwischenbilanz; vor allem aber kann ich mich entdecken, mich akzeptieren, wie ich bin, über mich hinauswachsen und mich entfalten, um mich anschließend besser öffnen zu können, was mir damals einigermaßen schwerfiel.

Ich gehörte also nicht dazu, eine schwarze Ameise, die aus Versehen in ein Nest voller roter Ameisen geraten war. Diese Welt war mir fremd. Da gab es nur eines: Mich so schnell wie möglich wieder aus dem Staub zu machen und in die liebevolle Umarmung des Ozeans zu flüchten. Allerdings befanden wir uns in einem umzäunten, mit Vorhängeschloss gesicherten Gehege, und ich hatte, nachdem ich bis dahin nur Fernunterricht kannte, die heikle Aufgabe, mein Abitur zu schaffen und all denen, die mich am liebsten in die neunte Klasse geschickt hätten, zu beweisen, dass alternative Schulformen kein Irrweg sind. Wie angewurzelt stand ich auf der Außentreppe des Gebäudes und lehnte an der Mauer, die mir den Halt gab, den ich vor lauter Traurigkeit selbst nicht mehr hatte. Ich starrte sie an wie seltsame Tiere, nahm einen nach dem anderen genauestens unter die Lupe, die eigenartigen Wesen in Jeans und Turnschuhen, mit Zigarette im Mundwinkel und einem Blick, der Selbstzufriedenheit ausstrahlte, weil man eben hier war, umhegt, beschützt und sorgenfrei in einem perfekt funktionierenden System. Für mich dagegen war die Schule die denkbar schlimmste Strafe, eine Klonstation, ein Ort der Konditionierung und der universellen Gleichmacherei. Vom ersten Tag an verabscheute ich die dort geltenden Regeln, den automatisierten Betrieb, das zwanghafte Systematisieren. Natürlich war ich bockig, vor allem aber krankhaft schüchtern. Während der Pausen blieb ich also lieber in der Klasse sitzen und sonderte mich ab, um zu träumen oder zu lernen, als dass ich mich aus Schwäche oder Furcht vor Einsamkeit dieser teuflischen Gruppe angeschlossen hätte und darin untergegangen wäre. Nein, die Blicke der »anderen« würden mir nicht vorschreiben, wie ich mich zu verhalten hatte!

In Wahrheit fühlte ich mich hundeelend. Unzählige Male hoffte ich, ich würde ihre Codes beherrschen, um von ihnen akzeptiert zu werden und nicht mehr als die Attraktion von der Insel dazustehen. Aus lauter Verzweiflung schlug mein Herz automatisch auf der Seite derer, die regelmäßig gedemütigt und verspottet wurden. Diese Ungerechtigkeit, die ich nicht kannte, brachte mich auf, egal ob sie sich gegen einen Schüler oder einen Lehrer richtete, den die ganze Klasse plötzlich nicht mehr ausstehen konnte und dem es nicht mehr gelang, während seiner Stunde für Ruhe zu sorgen und die Schüler bei der Stange zu halten. Die Gemeinschaft wirkte auf mich brutal und gefährlich, gnadenlos und inkonsequent. Als Retterin des Universums setzte ich mir also in den Kopf, Rechtsanwältin zu werden, fest entschlossen, mich für die Schwächsten in die Bresche zu werfen und sie zu beschützen. Diese insgeheime Leidenschaft, sich nützlich zu machen und zu helfen – danke, Schule –, hat sich seither nicht mehr gelegt.

Ich möchte die Leser allerdings dahingehend beruhigen, dass ich mich seit jener düsteren Zeit mit dem Erziehungswesen ausgesöhnt habe, und zwar in der Person von Jocelyne Busson, einer ganz außergewöhnlichen Lehrerin an der Grundschule meiner Heimatstadt Meaux, die mich fast so weit gebracht hat, der schwarzen Tafel und dem Geruch von Kreide nachzutrauern. Von ihr wird später noch die Rede sein.

Das Jahr ging zu Ende. Ich schaffte das Abitur problemlos und schrieb mich an der Sorbonne für Jura ein. Die Uni war ein lauter, wuselnder Ort. Dennoch hatte alles seine feste Ordnung; selbst der Staub auf der Tafel blieb, wo er war. Dieses Universum funktionierte nach überlieferten Gesetzmäßigkeiten: Alles war gut in der besten aller möglichen Welten. Ich entzog mich dadurch, dass ich oft schwimmen ging. Das war schön und ein unverzichtbares Ventil. Zwischen den Seminaren flüchtete ich mich nach ganz oben auf die Treppe vor dem Notausgang, wohin nie jemand kam. Dort aß ich ungestört meinen Salat oder warf noch einen Blick auf meine Aufzeichnungen. Im Seminar selbst langweilte ich mich. Meine Kommilitonen waren etwas älter als meine Mitschüler im Internat, aber die meisten waren merkwürdig durchscheinend und blickten leblos wie Gipsstatuen. Ihre Seele hatten sie einem Meister überlassen, dem Mann, der ganz am Ende des Saales unerreichbar über allem thronte. Der Hörsaal war frisch gestrichen. Die Anti-Graffiti-Beschichtung verpestete die Luft mit Terpentin. Man hatte uns in ein neues Gehäuse gesteckt, sicher würden sie uns als Versuchskanickel betrachten. Ich hatte das Gefühl, einbetoniert zu sein, ich rang auch im übertragenen Sinn nach Luft. Es war das unangenehme Gefühl, unter einer Glocke zu sitzen ... Und wie ihr wisst, ist mir nur unter einem Gewölbe wohl zumute, nämlich unter dem Sternenhimmel auf dem Meer. Ich war innerlich hin und hergerissen, ich wollte arbeiten, etwas lernen, Probleme lösen, mich mit der Welt draußen auseinandersetzen und das Dasein aus eigener Anschauung entdecken und begreifen, und vor allem wollte ich eines: etwas tun. Bei den Tuareg heißt es: »Lieber mit eigenen Augen sehen als mit denen der anderen.«

Ich stamme aus einer Familie, in der Arbeit zu den grundlegenden Werten gehört. Ich sehe meine Großmutter väterlicherseits noch vor mir, wie sie mit fast 65 Jahren, ihre Taschen unterm Arm, immer noch zwischen Meaux und Paris pendelte, um ihren Bonbonladen im Börsenviertel am Laufen zu halten. Wenn du allerdings einen abseitigen Weg einschlägst und dich Richtung Ausgang begibst, hast du es mit den Blicken der anderen zu tun, mit einer Welle der Kritik und einer Schar Skeptiker, die nur darauf wartet, dass du scheiterst, und dir dann mit »Das hätte ich dir gleich sagen können« den Gnadenstoß versetzt. Meine Abenteuer waren letztlich alle ein Aufbegehren gegen das allzu Naheliegende, Leichte, Vorgefertigte, Gesicherte. Wenn man als kleines Kind in den Kessel mit Zaubertrank gefallen ist, hat man später immer noch etwas davon in den Adern. Mit anderen Worten: Guckt man sich zu oft Seekarten an, kommt man irgendwann nicht mehr davon los. Das Meer erschien mir im Traum. Ich drehte mich auf die andere Seite: Es schlug ans Fenster. Ich verschloss die Läden: Die Brise zog bis unter die Laken. Ich rollte mich zusammen, um es zu vergessen, aber die Bilder von der offenen See drängten sich in meine Gedanken, und das Meer säuselte mir süße Worte ins Ohr. Ich stellte mich taub, aber kein Ohropax kam dagegen an. In Wirklichkeit war ich ein Angsthase, ich hatte kein Selbstvertrauen, ich wartete auf das passende Zeichen, kurzum: Wie jeder hatte ich vor allem Angst vor der Veränderung, bis zu dem Tag, als ich begriff, dass nicht die Zeit vergeht, sondern wir, und zwar nur allzu schnell!

Was allein zählt, ist das Ergebnis. Ich bin an den Schwierigkeiten, denen ich mich gestellt habe, gewachsen. Erreichen ist nicht das, was mich interessiert, sondern erobern, verwirklichen, ausführen. Für meine Projekte zu kämpfen, der Realität ins Auge zu blicken, die Dinge nicht zu verschleiern – das ist es, was ich liebe. Dass die Dinge nicht schon im Voraus zu meinen Gunsten entschieden sind, kommt mir entgegen. Ich will mich zu nichts zwingen lassen, weder von der Gesellschaft noch von meinem Umfeld oder aufgrund meiner Möglichkeiten oder Gewohnheiten. Routine ist nichts für mich. Ich will mich mit dem Leben konfrontieren: Das ist der einzige Kampf, der mir Auftrieb gibt. Der Sieg ist umso schöner, wenn du dafür gekämpft hast. Ich möchte mich der Chance, auf der Erde zu sein, als würdig erweisen und durch ein intensiveres Dasein dem menschlichen Rang innerhalb der Natur etwas von seiner Lächerlichkeit und unserem Wesen etwas von seiner Zerbrechlichkeit nehmen. Ich glaube an Werte wie Gelassenheit und Weisheit, Bescheidenheit und Mut, Arbeit und Beharrlichkeit und sehe einer langen Lehrzeit entgegen, bis ich sie eines Tages hoffentlich verkörpern kann. Unser Weg auf der Erde gleicht einer langen Treppe (die für meinen Geschmack allerdings noch zu kurz ist). Der Aufstieg ist lang und mühsam, Stufe für Stufe, er ist mit Schwierigkeiten und Ungeschicklichkeiten verbunden, und du lernst dabei nie aus. Unbeweglichkeit ist in unserer Gesellschaft etwas Gefährliches; man muss die Treppe immer weiter hinauf. Darum bemühe ich mich, denn es fasziniert mich.

Der Lärm in der Stadt kam mir plötzlich vor wie ein krankes, rasendes Herz. Die Menschen und ihre ständige Rennerei, das Gedränge und Gewusel auf der Erde – das alles war nichts für mich. Ich wollte mich zurückziehen, allein sein, nachdenken. Ich wollte ein Abenteuer im Innern, eine Rückkehr zu mir selbst, eine Bestandsaufnahme, um dann auf einer guten Grundlage neu zu starten. Immer wieder denke ich an die Indianer, die sahen, wie die Weißen mit Alkohol und Tabak als Zuckerbrot kamen, und die keine andere Wahl hatten, als ihre Freiheit aufzugeben, und dann irgendwann ganz verschwunden sind. Ich hatte das dringende Bedürfnis nach Abstand, um die Welt besser mit allen Sinnen wahrnehmen und bewundern zu können. Die Notwendigkeit, Mangel zu erfahren, um dann besser damit umzugehen, und mich so für das Leben und seine Schwierigkeiten zu wappnen, das Wesentliche in mich aufzunehmen, ohne mich zu verkünsteln, mit offenem Herzen, die Dinge in ihrem Wert zu schätzen, zwischen Sein und Haben unterscheiden zu können. Sicher fehlte mir das Selbstvertrauen, um loszulegen. Aber Oberflächlichkeit ist nicht mein Ding. Ich gehe meinen Empfindungen gern auf den Grund. Extreme faszinieren mich. Ich musste mich also in Frage stellen, ein dekadentes »Bloß-nichts-Anstrengendes« überwinden, meine Schwächen ansehen, um Gegenstrategien zu entwerfen, und Antikörper gegen meine Ängste bilden. Ich hatte das Bedürfnis, meine Abwehrkräfte früh zu stärken, um mich später besser anderen Menschen und weniger egoistischen Idealen widmen zu können.

Ich hatte immer schon die Vorstellung, dass wir aus Ton sind und uns das Leben ständig weiter formt. Hauptsache also, du sorgst dafür, dass der Ton nicht austrocknet, denn sonst ist alles verloren: Du wirst prätentiös, verbarrikadierst dich hinter deinen Gewissheiten, igelst dich ein in deinen bequemen Alltag und errichtest ringsum Mauern, die dir den Zugang zum Wunder und zum Verzaubertsein für immer versperren. Keiner holt dich da noch raus, denn diese Blindheit ist härter als Beton. In einer solch ausgedorrten Atmosphäre kommen dir bald schon nicht einmal mehr Tränen des Glücks oder der Trauer. So weit wollte ich es nicht kommen lassen. Und wenn es darum geht, nicht auszutrocknen, könnte mich nichts besser davor bewahren als das Meer …

3 Aufbruch

oder Lieber mit eigenen Augen sehen als mit denen der anderen

*Setz dich in Bewegung und du verstehst, warum derjenige,
der nicht auf dem Meer unterwegs ist, niemals die Wahrheit
erfahren wird.* ÉRIK ORSENNA

.

Es ist Flut: Das Meer läuft über, als wollte es mich holen, die Gischt schwappt an meine Tür. Der Aufbruch naht. Es ist Sonntag, der 15. Oktober 2006. Ich sehe meine Füße aus dem Bett baumeln, als wären es die einer Marionette; sie wollen los. Mein Kopf dagegen ruht schwer auf dem bequemen Kopfkissen. Ich blicke zur makellosen Decke meines Hotelzimmers und suche sie regelrecht ab nach irgendeinem Aufruf, einem ermunternden Augenzwinkern, einem winzigen Zeichen des Zuspruchs. Hätte ich doch noch einen winzigen Aufschub! Ich fühle mich nicht bereit, wie auch, am Tag eines solchen Aufbruchs? Aber ich brauche mich gar nicht taub zu stellen. Unermüdlich ruft das Meer, sanft und geduldig, es zieht mich ganz selbstverständlich an. Wenn es einen Menschen erst bezaubert hat, kommt er durch nichts und niemanden mehr davon los. Es ist, als wäre ich eine Ameise am Fuß eines riesigen Berges, dessen Gipfel in den Wolken liegt. Nicht nach oben sehen, das ist es, was ich den Kindern die ganze Zeit sage, Schritt für Schritt, im eigenen Rhythmus, die Aufgabe in kleine Häppchen aufteilen, damit man zu Lösungen kommt, die der Mensch auch bewältigen kann. Aber es hilft nichts, mir ist schwindlig. Die Strecke, die vor mir liegt, lähmt mich in ihrer Maßlosigkeit. Die Decke verzieht sich, wellt sich wie das Meer und versucht, mich zu hypnotisieren. Ich verstecke mich unter der Decke, verkrieche mich in mein Bett wie in einen unterirdischen Bau. Hoffentlich mache ich keine Dummheit. Und wenn es mein letzter Morgen an Land wäre? Was auch immer ich mir davon verspreche, wie viele Stunden, Tage und Monate ich mich auch vorbereitet habe, der Aufbruch ist immer eine Zerreißprobe. Die Ketten sprengen, alles zurücklassen, all die, die ich liebe, mich ins Unbekannte stürzen, das alles kostet viel Überwindung und geht vielleicht auch nicht ohne eine Spur von Wahnsinn. Bald sind das Festland, die Menschen, die Erinnerungen, die man hinter sich lässt, nur noch ein Schatten. Es hat gar keinen Sinn, noch mehr Zeit zu verlieren. Ich springe aus dem Bett und werde ab sofort nicht mehr zurückblicken.

Der Zeitpunkt des Aufbruchs richtet sich immer nach der Jahreszeit und dem Wetter. Ich habe beschlossen, die Weltumseglung im Herbst zu starten, um im Dezember am Kap Hoorn zu sein, wenn auf der südlichen Hemisphäre Hochsommer ist. Nachdem ich mehrere Wettermodelle verglichen und mich bei meinen Meteorologen Sylvain Mondon und Richard Silvani von Météo France rückversichert habe, die mir dann drei Tage Wind – aber auch wiederum nicht zu viel – prophezeien, verkünde ich eines schönen Tages also, es geht jetzt los. Das schicksalhafte Datum steht fest – und entfaltet die Wirkung eines Fallbeils. Keine Ausflüchte mehr, schon bald ertönt der Startschuss. »Nein, Maman, das alles war kein schlechter Scherz!« Der Countdown hat begonnen. Mit dem klimatisch günstigen Zeitfenster vor Augen heißt es jetzt alles abklappern, damit ich ja nichts an Land vergesse.

Ich habe immer mehrere vollgekritzelte Listen in der Tasche, die kaum zu entziffern sind, wertvolle Notizen über tausend verschiedene Dinge, die einen dreifachen Zweck erfüllen: Ich sortiere meine Gedanken, halte meinen Kopf frei und lasse nicht reihenweise Sachen zurück, die ich unbedingt brauche. Am Tisch im Restaurant, im Cockpit der *L'Oréal*, im Bett – überall hocke ich über meine Hieroglyphen gebeugt, denke nach, streiche aus, füge hinzu. Ich gehe das Inventar der Dinge durch, die ich besorgen muss, halte fest, was noch zu reparieren ist, checke die Schiffsausrüstung. Genauso penibel schreibe ich auf, wen ich noch alles anrufen muss, für einen letzten Tipp oder die x-te Aufforderung, unbedingt die Anzahl der Konserven und Werbe-T-Shirts festzulegen, und ich flehe innerlich darum, dass dieses Konzentrat an Aufzeichnungen sich innerhalb der kommenden drei Tage genauso schnell auflösen möge wie ein Stück Zucker in einer Tasse Tee. Im Moment stellt sich mir die Frage, ob ich in der kurzen Zeit wirklich alles schaffe. Mir bleiben noch 72 Stunden, dann bin ich ganz auf mich gestellt. Mit anderen Worten: Alles, was ich dabeihabe oder nicht, wird zum Erfolg meines Projekts beitragen – oder eben nicht. Es wäre also hilfreich, nicht irgendetwas ganz Entscheidendes liegen zu lassen …

Am Tag X geht es nur noch von einem »letzten Mal« zum nächsten: das letzte Mal ausschlafen (in Wirklichkeit wälze ich mich in der Nacht vor meinem Aufbruch in meinem Bett herum und lasse mich schier auffressen von Sorgen, die ich mir selbst nicht eingestehen will und die auch unerhört sind, wenn man bedenkt, dass mich schließlich niemand zu meinem Abenteuer zwingt); die letzte Mahlzeit (in der Regel kriege ich kaum einen Bissen runter, und der liegt mir dann noch schwer im Magen – bei meiner Pazifiküberquerung hatte mir der Jachtklub in Callao in Peru einen Pisco Saur spendiert, einen Cocktail mit rohem Eiweiß, bei dem es einem schon den Magen umdreht, noch bevor man überhaupt gekentert ist!); der letzte Gang zu Fuß (gleich werde ich meine roten Sandalen gegen ein Paar feuchte Stiefel eintauschen, die dann monatelang mein einziges Schuhwerk sind – und in meiner engen Bleibe werde ich mit Sicherheit von langen Spaziergängen und Blasen an den Füßen

träumen); die letzten Arbeiten an Bord unter den halb fassungs-
losen, halb faszinierten Blicken der Menge und derer, die mir nahestehen (am liebsten würde ich hinter dem Mast verschwinden und
mich diesen Blicken entziehen, die mich durchbohren, als wäre ich
eine Jahrmarktsattraktion, den Fragen, die mich nur noch nervöser
machen); die letzten Umarmungen (alle aus meinem Team, die die
Sache mit in Gang gebracht und mir großzügig auf ihre Weise einen
Teil der Fahrkarte für meinen Traum geschenkt haben, die meine
Koffer mitgepackt und alles mit vorbereitet haben, und schließlich
die, die mir am meisten am Herzen liegen und unersetzlich sind –
sie müssen gar nichts sagen, ich weiß, dass sie immer für mich da
sein werden, Patrick Rabain von L'Oréal Paris, der nur für diesen
Tag eigens angereist ist, Patrick Poivre d'Arvor, mein lieber Pate,
Michel Polacco, der frühere Direktor von France-Info, und viele
andere – sie alle drücke ich so fest, dass sie fast keine Luft mehr
bekommen). Und dann der letzte Blick (etwas ausweichend, um
meine Tränen nicht zu zeigen. Welche Zweifel mich jetzt befallen
darf ich auf keinen Fall zeigen, das würde niemand verstehen). Ich
winke, lächle, drücke Hände, umarme Kinder, die in Scharen gekommen sind, um mich anzufeuern, aber ich bin schon nicht mehr
da. Man darf mir das nicht übel nehmen. Ich bin völlig erledigt vom
Geschrei der Menge, der Hitze, dem ständigen Druck durch die
Fragen. Ich versuche den Kopf über Wasser zu halten und blicke
hinüber zu Jean-Louis Dupuis, dem Vertreter von L'Oréal auf
Réunion, mit dessen Hilfe ich mir einen Weg bahne. Ich klammere
mich an ihn und lasse ihn nicht mehr aus den Augen, wie das beruhigende Licht eines Leuchtturms. Ich muss los, ich darf jetzt nicht
nachlassen, ich habe Angst davor, plötzlich umkehren zu wollen. Es
ist ein Zickzacklauf voller Unterbrechungen, ein scheinbar endloses
Labyrinth. Jedes »Bravo« und »Alles Gute!« geht mir nahe und hält
mich auf, ein Tiefschlag, eine Mauer, gegen die ich anrenne. Ich tue

mir selbst leid. Ich halte die Luft an und panzere mich mit dem, was mich die ganze Zeit angetrieben hat, um nicht doch noch zu kneifen. Bloß weiter, der Steg muss gleich kommen, vorbei an den Leuten und vorwärts Richtung Boot, dann nichts wie an Bord und sich hinter der Reling in Sicherheit bringen.

Als ich zu meiner Weltumseglung aufgebrochen bin, und überhaupt jedes Mal, wenn ich die Leinen losgemacht habe, ist meine Familie in Frankreich geblieben. Vor zwei Wochen haben wir uns dort am Flughafen voneinander verabschiedet. Ins Flugzeug zu steigen ist der Auftakt, bei dem ich noch ohne Hektik den ersten Abstand bekomme. Die Zeit der Vorbereitungen am Abfahrtsort ist wie der Aufenthalt in einer Druckkammer, eine notwendige Phase, bevor es endlich losgeht. Für das Auslaufen in Réunion haben mein Vater und mein jüngerer Bruder gegen die Regel verstoßen und sind mit mir geflogen. Ich brauche ihre Hilfe in Sachen Technik: Die *L'Oréal* muss aufgedockt werden, ein letzter Antifoulinganstrich ist fällig, und wir müssen im Hafen manövrieren. Sie wissen, dass es nicht leicht wird, weder für sie noch für mich. Sich gegenseitig bemitleiden kommt aber nicht in Frage, kein Gejammer, kein tränenreicher Abschied. Sie sind da, weil es etwas zu tun gibt, und das bringen wir professionell und mit Methode über die Bühne, sonst wäre es nicht machbar.

Die Sonne steht im Zenit, unter Deck ist es sehr, sehr heiß. Ich werfe einen Blick auf das Thermometer: 39,8 °C! Wenn man bedenkt, dass ich schon bald im eisigen tiefen Süden sein werde ... Ich verstaue meine letzten Sachen aus dem Hotel in einem wasserdichten Container. Auf meiner Koje liegen rund ein Dutzend fröhlicher Kinderzeichnungen, eine Musik-CD (leider habe ich keinen CD-Player an Bord) und die fünf Briefe meines Glücksbringers Patrick Poivre d'Arvor, die ich nach ganz bestimmten Etappen öffnen darf und im Kartentisch sicher aufbewahre. Gerade hat Roch vier kleine Feuerlöscher dort angebracht, wo die Brandgefahr besonders groß ist, und meine Freundin Aude-Justine sucht nach nichts Geringerem als dem Wecker. Schon flitzt sie los zu dem Container, in dem meine ganze Ausrüstung eingelagert ist. »Denk bitte auch an die Schere, damit ich mir die Haare schneiden kann!« Die Anspannung steigt, mich nervt das ganze Zeug, das Roch überall liegen lässt. Das Boot ist noch völlig unaufgeräumt, die Boxen, in denen ich meine Sachen aufbewahre, sind weder befestigt noch beschriftet. Im Gatt im Vorschiff müssen die Obstkisten am Boden noch festgemacht werden. Mein Freund Luc Marescot, der einen Dokumentarfilm über die Umseglung gegen den Wind drehen wird, steht mitten im Weg und klebt die Passbilder meiner kleinen Lieblinge, der Kinder aus der École Guynemer in Meaux, an die Decke, und dabei fällt mir gerade ein, dass ich noch nicht einmal Jean-François Copé angerufen habe, um ihm mitzuteilen, dass ich aufbreche. Der Bürgermeister von Meaux gehört zu denen, die mein Projekt unterstützen. Seit heute Morgen springe ich wie ein batteriebetriebener Tennisball in einer Tour vom Bug zum Heck. Höchste Zeit, zur Ruhe zu kommen und sich zu sammeln. Marc und Nadine, eine Freundin der Familie, »entführen« mich und entreißen mich so den Leuten, die sich allmählich auf dem Kai versammeln. Mir bleibt noch eine Stunde. Eine Stunde, um abzuschalten oder besser aufzutanken: Kraft, Gelassenheit und Kalorien. Wir gehen in die fast leere Cafeteria in der Marinebasis an der Pointe des Galets. Es ist Sonntag, halb zwei Uhr mittags, es ist nichts los. Ich starre auf mein Steak mit Pommes, das auf dem gelben Plastikteller kalt wird. Und selbst der Schokoladenkuchen lockt mich nicht, obwohl ich sonst so versessen auf Dessert bin. Es ist so still, dass man jede Fliege hören würde. Die also gibt es hier wenigstens nicht mehr ... Das Handy klingelt, mein großer Bruder Yann ist dran und will sich von mir verabschieden. Marc reicht ihn mir. Yann sagt: »Salut, kleine Schwester!«, und es ist, als würde mein Herz in einen Schraubstock gespannt. Ich breche in Tränen aus. Völlig niedergeschmettert vor Traurigkeit gebe ich Marc das Handy zurück, ohne ein Wort herausgebracht zu haben. Stoisch erklärt er Yann in zwei Worten, dass es nicht einfach ist, und sagt abschließend: »Ja, in einer halben Stunde bricht sie auf.« Niemand am Tisch sagt noch einen Ton, das Essen ist vorbei, die Wanduhr läuft weiter und provoziert uns mit ihrem aufgeweckten Ticken und der vorbildlichen Pünktlichkeit. Am liebsten würde ich ihr den Hals umdrehen. Der Saal leert sich nach und nach. Das ist die Tide, das Meer weicht. »Letzter Aufruf. Letzter Aufruf für den großen Start.« Ich hole tief Luft, balle mit geschlossenen Augen die Fäuste unter dem Tisch zusammen und versuche mich zusammenzureißen, damit nicht die drei Matrosen auf uns aufmerksam werden, die im hinteren Teil des Saales noch essen. Gleich, wenn wir wieder draußen sind, muss ich noch Maman anrufen. Wie bloß?

Schon bald höre ich ihre Worte, Rufe und Ermunterungen nicht mehr, die erst leiser werden und schließlich ganz verfliegen. Dann verschwimmen wie in zu grellem Licht die letzten Umrisse, die letzten Farben, die letzten vertrauten Bewegungen des Lebens …

Es ist so weit, ich habe den Hafen verlassen und sehe, wie die Küste sich entfernt und alles immer kleiner wird. Der Strand von Boucan-Canot kommt mir schon so weit weg vor. Das Meer führt mich Richtung Horizont. Die Geleitschiffe machen auf Bitten meines Teams allmählich kehrt; man darf den Zeitpunkt nicht zu lange hinauszögern.

In dem Moment breitet sich mit Krakenarmen Leere in dir aus, wie Gift, für das man noch kein Gegenmittel gefunden hat. Wenn es nur die Gedanken so weit lähmen würde, dass dir der Schritt nicht mehr so schwer fiele! Vor einem das Nichts, die riesige Weite und der gnadenlose Plan: Damit musst du jetzt fertig werden und dich auf das Unbekannte einlassen. In diesem Moment wird dir das ganze Ausmaß an Verrücktheit, der Wahnwitz der Entscheidung bewusst. Wie auf Kommando spult sich die lange Liste aller Gefahren vor dir ab, als wollte der Verstand dich ein letztes Mal dazu bringen, das Ruder herumzureißen und wieder Richtung Land zu steuern. Aber daran ist bekanntlich überhaupt nicht zu denken.

Mit einem Mal fühle ich mich entsetzlich schwer, es ist, als würden meine Füße durchs Cockpit stoßen, ich gehe gebeugt unter einer Last wie ein überladener Kleiderständer. Das, wofür du dich entscheidest, wiegt oft schwerer als die Ketten, an denen du vorher gingst, das wird mir jetzt wieder klar. Ich, die ich nach 15 Jahren auf dem Meer nach Paris kam und Angst vor dem Metrofahren hatte, lasse mich jetzt mit zusammengebundenen Füßen ins Abenteuer fallen, das mich mit allem, was dazugehört, in den letzten Winkel der Erde führen wird. Ich will meine Untiefen ergründen, mich mit dem Drachen, dem Leviathan in mir konfrontieren. Das eigene kleine Paradies zu verlassen ist keine einfache Sache, das muss man wissen. Marc steigt gerade in ein Schlauchboot, das zurück an Land fährt. Er signalisiert mir, ich solle nun das Steuer in die Hand nehmen, so wie man einen Vogel ermuntert, loszufliegen. Das Stimmengewirr beim Abschied hallt in mir nach wie der Klang einer riesigen Glocke, die meinen Körper erbeben lässt, und auch mein Herz, das sich um seinen eigenen Takt bemüht. Ich fixiere den Horizont, der sich nicht fassen lässt, orientiere alles in mir auf dieses eine Ziel und kämpfe gegen den unguten Schwall an, der mir den Blick verschleiert. Aber wie sehr ich mich auch zusammenreiße, das Gesicht verkrampfe und verbissen gucke, mein Herz lässt mich im Stich, die Tränen brennen auf den Wangen. Tief in mir spüre ich allerdings, dass meine Seele sich doch aufmachen will. *Inch'Allah.*

Jetzt gibt es nur noch das Meer und mich. Ich habe seinen besänftigenden Geruch wieder in der Nase, der sich mit der Zeit verflüchtigen wird. Es umschließt mich, tröstet mich. Die letzten Sonnenstrahlen krönen die Wolken und den oberen Rand des Segels. Derart geadelt segeln wir auf den Süden der Insel und weiter auf das Kap der Guten Hoffnung zu.

Die ersten Tage sind in der Regel das reinste Martyrium für den Körper. Du kommst von einem ebenen Ort, hattest festen Boden unter den Füßen und landest in einem Verschlag, in dem du kreuz und quer durchgeschüttelt und herumgestoßen wirst. Die Ruhe im eigenen Schlafzimmer tauschst du gegen lärmende Wellen, die jede Minute wie eine Maschinengewehrsalve auf den Rumpf niedergehen, anstelle frischer Lebensmittel gibt es nur noch gefriergetrocknetes Fertigessen, und statt acht Stunden Nachtruhe hält der Ozean schlaflose Nächte für dich bereit. Natürlich hast du es nicht anders gewollt, aber der Wechsel ist heftig. Und jammern hilft nicht, denn das ist nur der Anfang. Es vergehen also mehrere Tage der Anpassung und Akklimatisierung und auch der erneuten Auseinandersetzung mit der Sache selbst. Konkret bedeutet das heftiges Erbrechen, gewagte Streifzüge mit Hindernissen über die Brücke, schlechte Sicht und mörderische Kopfschmerzen. Mit anderen Worten: Wenn du die erste Woche überlebst, stehen die Chancen normalerweise nicht schlecht. Das heißt noch nicht, dass das Schlimmste überstanden wäre. Aber fast.

In meiner ersten Nacht auf dem Indischen Ozean quälen mich die oben beschriebenen Symptome. Die Starkwindwarnung, die der Kommandant des französischen Patrouillenschiffs *La Boudeuse* über UKW-Funk durchgibt, tut ihr Übriges.

Die Küste ist noch nicht ganz außer Sicht, da geht der Ärger schon los. Unserem prekären Gleichgewicht, das ähnlich stabil ist wie der Sockel eines Kartenhauses, setzt eine überraschend auftre-

tende Luftströmung zu: Wind mit 30 Knoten, der schneller auf-
kommt, als man gucken kann. Schon reißt das Liek des Großsegels, ein 16-Millimeter-Tau, welches das wichtigste Segel an der
Rah befestigt, nicht irgendein Bändsel also! Jetzt, da wir die schützende Insel hinter uns lassen, packen uns die Böen wie Amateure
und verursachen die ersten Schäden an Bord. Langsam wird es dunkel. Nachdem eben noch meine Leute auf der Brücke hin und her lie-
fen, tummeln sich dort jetzt beunruhigende Schatten, die dem Dunkel entstiegen sind. Ich bemühe mich, bei Verstand zu bleiben, und
suche nach einer schnellen Lösung. Der Wind pfeift, Gischt peitscht
mir ins Gesicht, ich bin völlig durchnässt. Schlagartig ist es eiskalt
geworden. Obwohl ich schlottere und es mit der Angst zu tun
kriege, konzentriere ich mich auf die Takelage. Ich laufe rüber zum
Mast, das Segel muss gerefft werden. Dieser unvermittelte Sprung
in die Realität und damit in das, was mich die nächsten Monate erwartet, bringt mich sprichwörtlich ins Wanken. In dem überfall-
artig einsetzenden Gewitter macht mir das Manöver furchtbare
Angst; ich fühle mich wie in einem Katastrophenfilm. Das soll mir
eine Lehre sein. Das Boot wird unruhig, panisch, es begreift nicht,
»wo es langgeht«. Was gerade geschieht, ist eine richtige Ohrfeige,
ein dringender Appell, sich zu disziplinieren. Das Segel knallt im
Wind, als wolle es die soeben erteilte Rüge bestätigen. Schwer keu-
chend klammere ich mich fest, um nicht über Bord zu gehen, ich
knipse meine Stirnlampe an, meine einzige Orientierung in der
fürchterlichen Dunkelheit. Die elf Meter hohe Rah muss neu ver-
leint werden. Als ich mich umdrehe, sehe ich in der Ferne kurz eine
dunkle, kauernde Masse, wie ein Tier, das auf der Lauer liegt. Es ist
der Erdschatten, der mich an der Nase herumführt ... Umkehren?
Nach nur ein paar Stunden? Nein, unmöglich. Denen Recht geben,
die darauf wetten, dass ich es nicht schaffe? Nein, nein und nochmals nein. Stolz beiße ich wieder die Zähne zusammen und spüre

jetzt eine Spannung in mir, die während der ganzen nächsten Zeit auch nicht mehr nachlässt. Ich denke an Roch, mein Handwerksgenie, schnappe mir ein neues Tau aus dem Vorschiff und fange an, die Reihleine zu legen, ohne mir noch weitere Fragen zu stellen. Schnell an die Arbeit, der Wind frischt nochmals auf, ich darf nicht trödeln. Die *L'Oréal* schlägt gegen die Wellen, womöglich rächt sie sich für den langen Monat, den sie allein im Hafen eingezwängt am Steg verbracht hat, weit weg vom offenen Meer. Meine Beine geben nach, ich gehe in die Knie, mein Magen entleert sich auf der Brücke. Ich schreie aus Leibeskräften, um das schrille Pfeifen des Windes in den Seilen zu übertönen. So war das nicht gedacht! Wie wird es erst in zwei, drei, vierzehn Tagen sein, wenn es in diesem Tempo weitergeht?

Zwischen diesem Aufbruch auf lange Zeit und der Ankunft, über die wir zwangsläufig erst später berichten, liegt: Freiheit! Ein langer Weg voller Gischt, Tücke, Glück und Strapazen, Ruhe und Anspannung. Ein sich schlängelndes Band, das sich Tag für Tag etwas weiter abspult, aber nichts über den weiteren Verlauf preisgibt. Eine Kompassnadel, die du nicht aus den Augen lässt, Strömungen und Winde, die dich mal abdriften lassen, mal zurückwerfen, und keine Spur, der du folgen könntest: nichts als Raum. Der Weg übers Meer, den du, ganz gleich, wie das Wetter ist, monatelang nicht mehr verlässt, ist deshalb so außergewöhnlich, weil er trotz aller Schiffe unberührt bleibt. Die Fahrrinne schließt sich unweigerlich wenige Meter hinter dem Heck und ist vergessen, überspült, weggefegt wie die Spuren eines Kamels im Wüstensand, wenn der Zephir bläst. Du musst jedes Mal deinen eigenen Weg gehen und die ideale Route definieren, die allein schon durch das Wetter einzigartig ist. Keine Routine! Ein Gefühl der Einsamkeit allerdings lässt dich nicht mehr los. Da ist niemand, dem du folgen könntest, kein Anhaltspunkt in der riesigen Weite, keine Markierung, nach der du suchen könntest, keine Begleitung außer der der Meerestiere, die dir allerdings Hinweise zur Ortung geben. Anders gesagt: Die einzige Spur, die du hinterlässt, ist diejenige, die du in regelmäßigen Abständen systematisch auf der Karte von Punkt zu Punkt ziehst, wie ein unsichtbarer Faden, der dich immer noch mit der Erde verbindet. Ein kleiner Bleistiftstrich auf der Seekarte, die Nichteingeweihte lediglich für ein großes Stück blau marmoriertes Papier halten mögen, während das geschulte Auge sie nach den vielen Informationen absucht, die in ihr enthalten sind. Diesem selbst gemachten Fahrtenschreiber und treuen Berichterstatter hast du es zu verdanken, dass sich irgendwann auch das Gefühl einstellt, du gewännst allmählich an Boden.

Der Wind, der meine ausgehungerten Bootssegel großzügig versorgt, ist wie der Atem, der dem Neugeborenen Leben einhaucht, er verleiht meinem Schiff das Majestätische, Anmutige. Wie ein hölzerner Hampelmann wird es lebendiger denn je, als habe ein magischer Zaubertrank es gestärkt. Auf dem Meer ist der Wind, diese wundersame Luftverschiebung, eine Selbstverständlichkeit. Und trotzdem hofft der Seemann immer auf die richtige Brise, den idealen Passat, nicht zu stark und nicht zu schwach, der sein Schiff behutsam vorwärtsbringt und es wie einen Laserstrahl über die Wogen surfen lässt, darauf, dass keine grobe See seinem Schlachtross je unvorhergesehen ein Bein stellt. Auch auf dem Land bin ich diesem Hauch, der meinen Körper und mein Herz mit Leben erfüllt, hartnäckig auf der Spur, aber immer mit der tückischen Angst im Nacken, mir könnte die Luft ausgehen. Meine Obsession ist: zurück zum Horizont, zu dieser Endlosprojektion, damit ich nie ankomme oder besser, es mir nie an der Brise fehlt, die auch die Takelage meines Boots zum Singen bringt und mir durch die Haare fährt wie die Hand eines Geliebten, die die Flagge als Signal zum sofortigen

Aufbruch ans Heck schlagen lässt oder mir zärtlich übers Gesicht streicht, meine düsteren Gedanken wegbläst und macht, dass ich dem Tod die lange Nase zeige.

Der Morgen naht, der Horizont wird breiter und gleichzeitig klarer, die Nacht verzieht sich in dunstigen Windungen, wie Rauchschwaden, die der Wind vertreibt. Meine »Wurzeln« waren auf der Suche nach etwas, vermutlich nach Wasser. Und da ich, anders als der dürstende Baum, gehen kann, habe ich meine Beine unter den Arm genommen und mich auf den Weg gemacht.

4 Das Wunder des Meeres

oder Auf der Suche danach, wo die Welt aufhört

Das Meer! Das Meer!
Meine Haut, meine Hände, meine Haare
Riechen nach dem Meer.
Meine Augen haben seine Farbe;
Und sein Kommen und Gehen
Ist der Rhythmus meines Bluts.

ÉMILE VERHAEREN, AM KAI

Auf dem Meer ist mein Geist befreit, wie mein Boot auch, wenn die Leinen erst los sind, und legt alles Belanglose ab, allen Wirrwarr und alle unsichtbaren Fesseln, die wir uns unmerklich selbst angelegt haben. So segle ich dahin, weg vom Alltag aus Gewohnheiten und Verpflichtungen, denen wir nicht zu entkommen meinen.

Das Meer ist schön und klar und voller Reisen.
Wozu bei den Abendlichtern verweilen,
Und ihre tanzenden Spiegelungen verfolgen,
Die allzu fade Lichter in der Ferne zurückwerfen?

ÉMILE VERHAEREN, LA MER EST BELLE

Gischt säumt die Linie am Horizont. Blickt man rings um sich, wirkt das Meer zunächst vielleicht monoton, wie eine immer gleiche Kulisse. Manchmal ist das auch so, aber langweilig ist das Meer nie. Anfangs ist man wie blind und meint, in einer unbewohnten und unbewohnbaren Welt zu sein. Die See kann sich tage-, wochen-, manchmal auch monatelang verschließen und gibt dann eines Tages schlagartig alle Zurückhaltung auf und wird zutraulich.

Ihre Augen öffneten sich. Ließen mich ein.

SAMUEL BECKETT, DAS LETZTE BAND

Der Wind streift mir sanft übers Gesicht, wie ein Stück Seide. Die Luft riecht nach offenem Meer, ich bin heiter und gelassen. Wie ein fliegender Teppich trägt mich mein Boot durch dieses Universum, das mir so viel gibt und dem der Himmel seine Farbe und die Sonne ihr goldsilbriges Glitzern schenkt.

Mit der nötigen Geduld erlebt man, wie das Meer anrührend keusch Woche für Woche den Schleier mehr lüftet, sich entblößt und liebenswürdig verschenkt. Nach zig Stunden Fahrt sind die Augen zu Experten geworden und nehmen endlich eine Veränderung wahr. Diese Zeit ist nötig, um wieder empfänglich zu werden für die Feinheiten, die dir sonst entgehen. Meine Sinne sind hellwach. Wie ein ausgehungertes Tier stürze ich mich jetzt auf jede noch so unbedeutende Botschaft aus der Tiefe der blauen Masse. Mein Körper lernt ganz einfach wieder zu leben. Ich liebe dieses Gefühl weit weg von der Welt der Erdbewohner. Es entsteht eine schwer zu beschreibende »Wahrheit«, durch die ich innerlich zur Ruhe komme. Ich bin da, wo ich hingehöre, im Einklang mit einer Umgebung, die mich anzunehmen scheint, und genieße in vollen Zügen, was das Meer mir ganz sparsam gewährt. Sich mit dem Wenigen begnügen und seinen natürlichen Geiz bescheiden hinnehmen, der mich nicht aufbringt, sondern im Gegenteil bereichert und besänftigt. Im Cockpit meines Bootes, allein mit dem Meer, das mütterlich, aber manchmal auch sehr streng sein kann, sucht mein Geist das Weite. Dann denke ich daran, dass unsere Flügel, da wir sie an Land nicht mehr gebrauchen, ganz steif werden, vertrocknen und irgendwann für immer am Körper kleben bleiben. Ich wollte mich retten vor dem, was sich da hinter meinem Rücken drohend aufbaute, mir meine Flügel stutzen und mich sogar vergessen lassen wollte, dass ich überhaupt welche besaß, was mich aus meiner Wolke reißen und mir die Taschen bleischwer füllen wollte, sodass mir dieser einzigartige Zauber verschlossen bliebe. Und so flog ich, als sich eines Morgens die Brise vom offenen Meer her durch mein Fenster bis unter die Decke in mein Bett schlich, einfach auf und davon.

Am Meer, das Faszination, aber auch Furcht auslöst, kommt kein Bewohner dieser Erde vorbei. Elegant gestaltet es deren Umrisse, sucht sie mit seinen Wellen auf, verwüstet sie im Sturm mitunter auch. Mit seinen über 360 Millionen Quadratkilometern – entsprechend fast 72 Prozent der Gesamtfläche unseres Planeten – zieht es uns an, ohne dass wir erklären könnten, was genau uns daran so gefangen nimmt. Unter der riesigen, blauen Decke verbirgt sich ein Mysterium, das zweifellos mit den Ursprüngen zusammenhängt. Im Jura nämlich, vor 200 Millionen Jahren, bestand die Erde ausschließlich aus Meer. Ob wir wollen oder nicht, wir entstammen also alle dem Ozean. Das Wasser verdunstete, neue Landschaften entstanden, und alles war mit einer Schicht Salz bedeckt. Das Salz wurde abgetragen und irgendwann zu einer wertvollen Substanz. Das lässt sich auch sprachlich zurückverfolgen: Der Sold der römischen Legionäre, lateinisch *salarium,* bedeutete wörtlich »Salzration«. Inzwischen müssen wir, um an Salz zu gelangen, unter der Erde graben. Wenn man es mit diesen geschichtlichen Fakten etwas weitertreibt, könnte man vielleicht so weit gehen zu sagen, dass dies das Salz des Lebens ist, eine Rarität, die wir alle mit Füßen treten. Da geschieht es uns ganz recht, wenn wir uns danach bücken müssen.

Faszinierend ist in meinen Augen auch die Tatsache, dass die Meere nicht nur Lebensquell sind – mit einer einzigartigen Flora und Fauna verglichen mit der der Erde (die Ozeane enthalten über 90 Prozent der Biomasse auf dem Planeten) , sondern auch die Völker miteinander verbinden. Wir alle sind Bürger der Meere. Ihnen verdanken wir es, dass die Menschen sich gegenseitig entdeckt haben. Zwar musste man für dieses Abenteuer besonders tollkühn sein, aber es war eine großartige Aufgabe! Schon in frühester Zeit hat der Mensch sich also aufs Meer gewagt, wovon auch die Besiedelung der Pazifikinseln zeugt. Dafür gibt es im Übrigen kaum ein schöneres Beispiel als die multikulturelle Insel Réunion, auf der Toleranz und Andersartigkeit eins sind.

Als der große Seefahrer und Entdecker Fernando Magellan als Erster Südamerika umrundete und ihm damit die erste Weltumseglung gelang, machte er die Erfahrung, wie immens das majestätische Band rings um die Erde war. Seit meiner Kindheit ging mir dieses Abenteuer nicht mehr aus dem Kopf ... Die »große Umseglung« war mein Everest, der ultimative Segeltörn, die Erfüllung eines Seefahrerlebens. Bald schon dachte ich an nichts anderes mehr, als mich auf die Spuren der berühmten Seefahrer der Frühen Neuzeit zu begeben, die so viele Routen eröffnet haben. Ich hatte eine Gänsehaut vor lauter Aufregung, wenn ich mich als Entdeckerin sah, als Hohepriesterin der Ozeane, so wie andere sich als Prinzessin oder Tänzerin sehen. Eines Tages würde auch ich auf einem großen Schiff dem Horizont entgegensegeln, auf der Route der ersten Abenteurer und auf der Suche nach dem Schatz, den das grenzenlose Blau in sich birgt.

Das Meer ist schön und klar und voller Reisen.
Und der flammende Horizont entfacht züngelnd
Maßlose Sehnsucht in jedem glühenden Herzen;
Nur das Unbekannte herrscht über den unbändigen Willen.

ÉMILE VERHAEREN, LA MER EST BELLE

Die Meerestiefen, die ich auf dem Boot immer nur streife, waren lange Zeit ein Rätsel für den Menschen – und für mich als kleines

Mädchen auch. Ich kannte nur das, was ich durch meine Taucherbrille sah, wenn ich mit meinen beiden Brüdern die Unterwasserregion erforschte, und wie viele Kinder träumte auch ich von einem Haus unter dem Meer, in der Welt der Stille, von der Jacques-Yves Cousteau auf so wunderbare Weise berichtet hat.

Dieses riesige, unerforschte Universum hat seit jeher eine Vielzahl von Erzählungen mit Gestalten aus dem kollektiven Unbewussten hervorgebracht, eine seltsamer und gruseliger als die andere. Erst in der zweiten Hälfte des 20. Jahrhunderts begann die »rationale« Erforschung des Meeresgrunds, der in weiten Teilen noch immer unbekannt ist und voller faszinierender Geheimnisse und Reichtümer steckt. Das zeigen auch die Fragen der Kinder, die meine Abenteuer verfolgen und als Erstes immer wissen wollen, ob ich keine Angst habe, dass mich eine Riesenkrake mit sich in die Tiefe zieht!

»Es ist kalt, es ist dunkel, es ist hungrig, es ist tief«, so äußerte sich Théodore Monod nach einem Tauchgang. Wenn ich mitten auf dem Ozean in die Tiefe muss, um den Rumpf zu untersuchen oder die Algen herunterzukratzen, die das Boot immer langsamer machen, sehe ich jedenfalls zu, dass ich schleunigst wieder an Bord komme. Im Pazifik mit seinen Tiefseegräben von über 10 000 Metern kann einem schon schwindlig werden. Unter dir ein dunkler, Furcht erregender Abgrund, eine eisige, lähmende Strömung und ein Haufen angriffslustiger Raubtiere.

Genauso wenig greifbar wie das Meer selbst ist seine Farbe. Manche glauben, es sei weiß, andere halten es für grün oder azurblau. In Wirklichkeit ist das Wasser bekanntlich farblos. Aber was für ein Schauspiel hält es für uns bereit! Mitten im Indischen Ozean habe ich an einem Abend gesehen, wie es sich in ein fuchsiarotes Bad verfärbt hat. Über alle Maßen weiblich und mit ihren schönsten Trümpfen geschmückt, war die See einnehmend und mysteriös wie eine verliebte Frau.

Ich habe den Ozean immer mit verliebten Augen betrachtet und empfand grenzenlosen Respekt beim Gedanken daran, welche Rolle dieses Gemeingut der Menschheit für das Leben auf dem Planeten spielt. Der Ozean hat eine herausragende Bedeutung für die Stabilisierung des Klimas, den Zyklus des Wassers, das Leben auf der Erde. Durch meine Erlebnisse versuche ich, die junge Generation dafür zu sensibilisieren, wie schützenswert er ist. Wir können nicht mit verschränkten Armen zusehen, wie Jahr für Jahr sieben Millionen Tonnen Abfälle ins Meer gekippt werden. Abstoßende Zahlen, die einem die Lust am Baden gründlich verderben!

Auf, auf, ohne zu schauen, wer noch nach einem schaut,
Ohne traurigen und süßen Abschied,
Auf, und in sich nur die Liebe
Zur funkelnden, verstörenden Weite.

ÉMILE VERHAEREN, LA MER EST BELLE

Seit über einem Monat bin ich unterwegs auf meiner Reise rund um den Globus. Aber der Horizont bleibt stumm und unzugänglich, er weicht vor meinem Boot zurück wie ein Gefangener auf der Flucht. In ihrer Unerreichbarkeit ist diese imaginäre Linie dennoch überaus anziehend und eindrucksvoll. Jeder Seemann sucht sie ab nach irgendeinem Zeichen, einem Zeugnis für die Entfernung, die er zurückgelegt hat. Auf dem Meer bewegt man sich tastend voran, ohne einen anderen konkreten Anhaltspunkt als die Sonne, deren Rhythmus man sich gehorsam fügt, weil das Dasein sich auf das Wesentliche beschränkt.

Ich habe mich in diese Welt ohne Grenzen zurückgezogen, um mich an der Stille zu berauschen und mich in meinem selbst gewählten Gefängnis frei zu fühlen. Auf dem Meer kann man nicht einfach auf die Stopptaste drücken. Losfahren heißt die Konsequenzen tragen. Der Ozean grinst: »Das hättest du dir früher überlegen sollen!« Die Fahrt geht weiter, so wie die Karawane in der Wüste den nächsten Brunnen erreichen muss, weil davon das Überleben abhängt. Manchmal bekomme ich eine leichte Gänsehaut bei dem Gedanken, dass ich mein Leben, mein Überleben derart in der Hand habe. Du bist dir selbst ausgeliefert und musst sämtliche Fähigkeiten und alles Wissen abrufen, das du dir angeeignet hast, bevor du aus dem Hafen ausgelaufen bist. Es bleibt nur noch eines: sich anpassen. Daran aber sind die meisten von uns nicht mehr gewöhnt, weil wir uns eben nur noch selten in einem feindseligen Universum bewegen, in dem wir von unseren Mitmenschen nichts mehr zu erhoffen haben. Auf dem Meer bestimmt man das Spiel selbst und sollte die richtigen Karten dabeihaben. Und die Strategie des Bluffens nicht überstrapazieren. Gefühlswallungen mit inbegriffen. Am schnellsten zeigt sich der Verzicht auf ein »schlüsselfertiges Leben« am Zustand des emotionalen Enzephalogramms, das gehörige Ausschläge verzeichnet! Diese Extreme sind es, die dich gleichzeitig ängstigen, faszinieren und stärker machen. Ich liebe diese Aufregung, die mich nicht mehr loslässt, sobald ich die letzte Boje hinter mir gelassen habe. Ich liebe diese Intensität angesichts der großen Leere, die sich vor mir aufbaut wie ein einschüchternder Schatten. Voller Hoffnung betrete ich ein Gelände ohne Tor und ohne Schlösser, die mir auf dem Land und überhaupt so verhasst sind. Kein Stacheldraht und keine Grenzwachen, und zwar aus gutem Grund! Kein Kerkermeister wird mir hier Angst einjagen, mein Gefängnis hat weder Gitter noch Wärter. Ich verschmelze mit einer neuen Kulisse und habe nur noch einen Wunsch: mich im Hintergrund zu halten und durchzukommen, ohne dass mich jemand sieht.

Aber Vorsicht: Das reine Idyll ist es nicht. Nur weil es keine Polizei gibt, heißt das noch lange nicht, es gäbe keine Gesetze oder Vorschriften, die nicht unbedingt einzuhalten wären. Schließlich ist man nicht bei sich zu Hause, man wird hier nur geduldet. Der Preis für die Freiheit ist die Aufgabe aller Prinzipien und Rechte, die man für unveräußerlich hält, um die sich das Große Blau aber keinen Deut schert. Vom ersten Tag an peitscht einem der Ozean ins Gesicht und gibt die Regeln vor. Selbst der mutigste, unbeugsamste Ritter wird gezwungen, die Augen zuzukneifen. Man hat sich auf Zeit verpflichtet, der neue Lehnsherr heißt Neptun, und er duldet keinerlei Verfehlung. Das heißt: unbedingte Treue und sich mit der Riesenhaftigkeit des Ozeans ins Benehmen setzen. Du musst also darauf gefasst sein, dass er dich ohne Vorwarnung in die Knie zwingt, und wenn der Kampf gewonnen ist, entscheidet er allein, wann die Qualen ein Ende haben. Schlechtes Wetter, bedrohliche Windböen, brutale Schläge gegen den Bootsrumpf, all das kann über Tage gehen, bis er beschließt, seine Launen zu bändigen und dich durchzulassen.

Der Weg zur Erfüllung ist mühsam und manchmal auch schmerzhaft.

So unbedeutend ich bin angesichts dieser Millionen und Abermillionen Kubikmeter Wasser, mit meinem Schiffsrumpf als einzigem Schutz, fühle ich mich doch unendlich reich. Ich stehe da ohne alles, befreit von allem Überflüssigen und Vergänglichen. Ein einfaches Leben, in dem ich mich vollkommen frei fühle. Tröpfchenweise erreichen mich dank der uneingeschränkten Unterstützung meiner Familie die Botschaften von überallher, und wenn ich mit dem PC an Land kommuniziere, »sehe« ich das hoffnungsvolle Lächeln Tausender Kinder, die mein Vorankommen verfolgen. Abgesehen von diesen netten Ermunterungen und Aufmerksamkeiten aber, die mich insgeheim mit dem Festland und der Gesellschaft verbinden, ist mein kostbarstes Gut, an dem ich mich während dieser Monate ergötze, dass ich ausschließlich »Wesentliches« erlebe.

Das Leben auf dem Meer, das sind auch die plötzlichen Wetterum-schwünge. Mitten in dieser Wasserwüste, in die es mich verschlagen hat, biete ich eine ideale Angriffsfläche, weil ich mich, verglichen mit der Geschwindigkeit von Tiefausläufern, Hochs, Nebelwänden, Gewitter und Hagelregen, praktisch nicht vom Fleck bewege.

Vom Nebel möchte ich erzählen, den ich während meiner Nord-atlantiküberquerung im Ruderboot oder bei meiner Weltumseg-lung auf der Höhe der berüchtigten *Roaring Forties* gut kennen gelernt habe. Immer wieder geriet mein Boot in eindrucksvolle Nebelbänke.

Eines Morgens, als ich nach einer schwierigen Nacht ungedul-dig darauf warte, dass die Dunkelheit endlich weicht und sich damit auch meine schwarzen Gedanken verflüchtigen, geht eine unheilvolle Finsternis auf uns nieder, wie eine weitere Plage. Mein Vorschiff verschwindet unter einem gespenstischen weißen Schleier. Wir sind mitten im Pazifik, aber in dieser düsteren, see-lenlosen Landschaft erinnert nichts an die blaue Weite der Süd-meere irgendwo am anderen Ende des Globus, wie sie so oft von Seeleuten beschrieben wurde, die den endlosen Ozean zum ersten Mal überquerten. Titouan Lamazou, der Abenteurer, Segler und Fotograf, nannte es »Land des Schattens«, und heute verstehe ich besser, warum. Das jetzt fahle Licht hat sich in undurchdringliche, schwere Materie verwandelt. Der Himmel ist eine einzige diaboli-sche Silhouette. Unter diesem Leichentuch aus Nebel fahren wir ohne jede Sicht. Die Atmosphäre bedrückt und zermürbt mich. Ich habe das Gefühl, die Schwelle zu einem Universum zu übertreten, aus dem es kein Zurück mehr gibt. Ob ich überhaupt einen Aus-gang finde?

In dem Halbdunkel bewege ich mich fast die Hälfte der Zeit, das heißt über eine beträchtliche Strecke auf dem Atlantik, und auf dem Pazifik praktisch ununterbrochen. Meine größte Angst ist, dass ich nichts sehe und von Containerschiffen oder Fischerbooten auch nicht gesehen werde. Man hat meinem Boot und mir die Augen verbunden. Ich kauere mich ins Cockpit, den einzigen Ort, der noch nicht ganz in diesen Schatten getaucht ist. Es ist kalt und feucht, es fühlt sich an, als würden wir in der Versenkung verschwinden. Ich spüre, wie mein Herz schneller schlägt. Die *L'Oréal* fährt bei über neun Knoten am Wind, wir sind schnell unterwegs. Wie eine Axt versucht der Steven, Meile um Meile, mit dieser eigenartigen Substanz fertig zu werden. Wochen- und monatelang wird uns der Nebel verfolgen wie ein Fluch, ein böses Schicksal, das kein Gebet und kein Opfer aufheben kann. Wenn ich am Steuer stehe, durchqueren wir einen Schleier aus winzigen Wassertröpfchen. Ich bin von morgens bis abends klatschnass. Auf meinem Gesicht und meinen Händen perlen die Himmelstränen. Gefangen in diesen vier dunklen, ungemütlichen Wänden, suche ich immer wieder die niedrige Decke nach irgendeinem Silberstreif am Horizont ab. Ganz selten erlebe ich, dass sich der Himmel wie durch ein Wunder für den Bruchteil einer Sekunde öffnet und mich hoffen lässt. Aber noch bevor ich daran denken kann, die Luke aufzustellen, um irgendetwas von meinen Sachen trocknen zu können, zieht er sich auch schon wieder zu und legt sich wie eine Zange um die Flanken meines Schiffs, sodass ich keine Luft mehr bekomme. In meiner freiwilligen Isolationshaft mitten in dieser komplett verwaschenen, farblosen Welt habe ich das Gefühl, dass als Nächstes ich verschlungen werde. Immer wieder sehe ich in einem Albtraum vor mir, wie mein Boot in der allergrößten Teilnahmslosigkeit untergeht.

Das Meer sieht aus wie eine angelaufene Metallplatte, matt und grau. Die Silberscheibe ist verwischt und dunstverschleiert. Es herrscht eine unheilvolle Stimmung. Ich höre nur noch dumpfe Geräusche, die Wellen, die an den eisigen Schiffsbauch schlagen, die erstickten, jenseitigen Schreie der Albatrosse, die wehklagend knarzenden Segel. Manchmal regnet es, dann ist es, als würde mein ganzes Universum über mir zusammenbrechen und mich für immer auslöschen wollen. Die Wassertropfen sind wie Dornen, spitz und fürchterlich. Ich verkrieche mich unter meiner Kapuze und mache mich krumm wie ein Tier in seinem Bau. Nie habe ich mich so verloren gefühlt wie in dieser völligen Undurchdringlichkeit: ohne jeden Kontakt zu einem Menschen, der mir Mut machen könnte, so weit weg von jedem menschlichen Geräusch. Das kleinste Fleckchen azurblauer Himmel wirkt auf mich wie das Paradies, das mir aber auf immer versperrt bleibt und an das ich mich wehmütig erinnere, so unerreichbar erscheint es mir. Gefangen in einer Welt, die ich mir nie hätte vorstellen können, erwische ich mich dabei, dass ich am liebsten die Augen schließen würde, um anderswo wieder aufzuwachen …

Oh, sehen, was niemand mit menschlichen Augen,
Die wie die Euren bohrend und absichtsvoll schauen,
Je sah! Ein Geheimnis sehen, sich von ihm überraschen lassen,
Es bezwingen und lösen und vom anderen Ende der irdischen Meere
Her in die Zukunft zurückkehren,
Die triumphale Beute des Geheimnisses
In Händen.   ÉMILE VERHAEREN, LA MER EST BELLE

Und eines Tages dann, wie durch ein Wunder, löst sich der Nebel auf. Geblendet saugt man sich mit Farben voll bis zum Anschlag, wie ein Kamel, das seit einer Ewigkeit kein Wasser mehr getrunken hat. Das sind Momente der Gnade, in denen die Lungen zum Platzen gefüllt sind, die Augen sich in einem Lichtermeer verlieren und der ganze Körper sich öffnet wie eine Blume in den ersten Sonnenstrahlen am Morgen. Mit einem Wort: Ich lebe wieder.

Und dennoch bedeutet dieses Blau nicht vollkommene Befriedigung. Wie schon gesagt, ganz zufrieden ist der Seemann nie. Immer herrscht zu viel Wind oder zu viel Flaute, immer ist es zu kalt oder zu heiß. Das verstehe, wer will!

Auch ich gestehe höchst widerwillig, dass ich schon bei »schönstem« Wetter drauflosgeschimpft habe. Bei bleierner Hitze an den Rudern zu sitzen und in der Sonne zu schmoren oder, wenn kein Wind geht, sich zwischen Himmel und Meer aufgespießt zu fühlen wie ein präparierter Schmetterling unter Glas ist alles andere als angenehm!

Ich sehe die senkrecht niedergehende Sonne, die meinen Körper in Flammen setzt, den müden Arbeiter, der im offenen Cockpit des Ruderboots keinerlei Schutz findet. Der Ozean ist ein brennender Teppich. Bei einer Temperatur von 40 °C in meiner Kajüte fängt mein Boot fast an zu schmelzen. Der Himmel glüht weiß vor Hitze. Ich muss endlos warten, bis die Sonne mit jeder Stunde etwas niedriger steht. Hier wird die Geduld auf eine wirklich harte Probe gestellt. Der Horizont ist ein Trugbild, das vor meinen geblendeten Augen flimmert. Nicht genug, dass wir nur langsam vorankommen – und dabei bin ich schon seit über zwei Monaten in dieser Bruthitze unterwegs. Die Sonne ist zum Feind geworden. Nichts schützt mich mehr vor ihr. Mein Verstand setzt aus, Bilder schleichen sich in mein Hirn: Werden wir so enden wie Lodden, die kleinen Fische, die man in Saint-Pierre et Miquelon an Stangen aufgehängt in der Sonne brutzeln lässt? Ich flüchte mich in den ein Quadratmeter großen Backofen, meine Kajüte. Fieber und Müdigkeit strecken mich nieder, der Schweiß tropft mir von der Stirn, und ich zähle die Minuten, so wie man einen Rosenkranz herunterbetet. Wie hätte ich mir in dem Moment vorstellen können, dass ich kaum ein Jahr später inmitten der Eisberge vor Kälte zittern würde?

Und jetzt bin ich tatsächlich da, im südlichsten Süden des Planeten, auf dem offenen Meer vor der Antarktis ... Aber anders, als der 43. Breitengrad Süd erwarten ließ, befinden wir uns mitten in einem Hochdruckgebiet. Endlich einmal drohen wir nicht an einem Eisberg zu zerschellen. Kein Windhauch kräuselt die See. Der Wetterbericht lag richtig: Es herrscht völlige Windstille. Auf dem Meer, so eine der wichtigsten Lektionen, orientiert man sich nicht mehr am Ticken der Uhr, sondern lauscht ehrfürchtig dem Wind. Nach Regen und Nebel, nach dem Ansturm der Fluten und den mörderischen Böen jetzt rein gar nichts mehr. Ich atme langsam ein und aus, im neuen Rhythmus der Elemente. Irgendetwas braut sich hier zusammen. Ich beobachte mein Segelboot, das auch gerade Luft holt. In den Falten des Großsegels haben sich Wasserblasen gebildet, es ist, als würde es durch den porösen Stoff hindurchregnen. Tränen der Erleichterung, so wie sie mir nach dem Sturm über die Wangen laufen, wenn die Anspannung auf einmal nachlässt und mir bewusst wird, dass ich nur mit knapper Not dem schwarzen Loch entkommen bin, aus dem es kein Entrinnen gibt. Ein Moment der Aussöhnung mit allem, wie ich es nennen würde. Mein Boot und ich schließen Frieden mit dem Ozean, auch wenn ich eigentlich nie richtig böse auf ihn bin. Aber das nur unter uns.

Unbeirrbar zieht das Gestirn auf dem Himmelsmeridian seinen Kreis und lässt uns mit bloßem Auge die Erdkrümmung erkennen, die uns von ihm trennt. Das Meer, die wohlwollende Amme, atmet langsam ein und aus. In seinen Schoß geschmiegt höre ich, wie sein Puls leise gegen mein Herz und an die Flanken meines Bootes schlägt. Getragen von einem kaum wahrnehmbaren Atem bewegt die *L'Oréal* sich lautlos vorwärts. Alles ist friedlich, nichts scheint diesen Moment der Ruhe stören zu können. Ich wage kaum, mich zu bewegen, und flüstere meinem Boot zärtliche Worte zu, ein Wiegenlied, wie ich es selbst gern hören würde. Als kleiner roter Fleck unter dem schützenden Himmelszelt fühle ich mich wie ein heimlicher Besucher einer gigantischen Kathedrale. Wie Staub auf einem riesigen Glastisch, geduldet in einer Welt, die wie versteinert wirkt, sind die *L'Oréal* und ich die letzte Verkörperung alles Lebendigen, das letzte Symbol für die Bewegung des Lebens.

Ich fühle mich vollkommen im Einklang mit mir, mein ganzes Wesen ist wie das Meer selbst, friedlich und gelassen.

5 Seelenlose Tage

oder Zeigt Entschlossenheit angesichts des Todes,
dann sind der Tod und das Leben leichter

Wer jede Gefahr ausgeräumt sehen will, bevor er die Segel
setzt, wird nie die Meere befahren.

THOMAS FULLER

Angst? Ob ich Angst gehabt habe? Wie durch ein Mikroskop sehen
mich meine Kleinen Abenteurer mit großen Augen an, als sei ich,
weil ich immer allein unterwegs bin, zwangsläufig eine ganz Waghalsige, eine Mischung aus Kamikaze und »harter Nuss«, die sich
keine Fragen stellt, sondern kopfüber ins Abenteuer stürzt. Auch
auf die Gefahr hin, euch zu enttäuschen, muss ich sagen, dass man
mit dieser Annahme völlig falschliegt. Ich bin eine Frau, ein Mensch
wie jeder andere auch. Und glaubt mir: Ich weiß sehr wohl, was es
heißt, Angst zu haben. Mittlerweile bin ich sogar überzeugt, dass
meine Unternehmungen auch nur deshalb gut ausgegangen sind.
Alles andere wäre Leichtsinn gewesen. Genau darin liegt das Geheimnis: Man braucht gesunden Menschenverstand und muss, wie
meine beste Freundin Aude-Justine es formuliert, »selbst auf dem
Meer immer auf dem Teppich bleiben«. Ob man will oder nicht, die
Angst gehört zu jedem Projekt, jedem Abenteuer, das man allein
durchsteht, zu jeder größeren Herausforderung. Denn wir alle
brauchen Schutz, einen festen Anker und Menschen um uns herum.

Das erste Mal kommt sie immer, wenn es losgeht. Die Angst,
mich einsam zu fühlen, mir selbst überlassen zu sein, so verletzbar
zu sein wie ein Kind. Es gibt nur eines, was ich sicher weiß: Der
Druck wird ununterbrochen da sein, und der kleinste Fehler kann
für mich den Untergang bedeuten. Ich muss ins kalte, ja eiskalte

Wasser springen. Ich habe Bauchschmerzen. An Verdrängen ist überhaupt nicht zu denken, die Angst nagt an mir wie ein Aasgeier. Am liebsten würde ich mich übergeben, damit ich sie endgültig los wäre, oder irgendetwas völlig Verrücktes tun!

Auf dem Meer ist es nicht anders. Ich habe mehr lähmende Momente absoluter Not und Angst erlebt, als mir gutgetan hätte. Die Tränen fließen, die Gefühle sind nicht mehr zu steuern, die Traurigkeit lässt dich nicht mehr los. Der Verstand dreht durch, und alles entgleitet dir. Ich bin nicht so standfest wie noch vor ein paar Monaten. Die Angst fällt dich hinterrücks an, ich verliere den Boden unter den Füßen, fühle mich klein, vergänglich, zerbrechlicher als Kristall. Meine Entscheidung nimmt mir die Luft wie eine Schlinge, die sich zuzieht. Blindlings taste ich nach neuen Orientierungspunkten, aber ich schwanke, und meine alten Spuren sind weg. Woher soll ich Kraft schöpfen? Wie soll ich mich aufbauen und nur halbwegs vor dem Geier in Sicherheit bringen, der mich innerlich zerfetzt? Völlig erstarrt sehe ich mir an manchen Tagen selbst dabei zu, wie ich schluchzend auf der Brücke zusammensacke, wie eine Stoffpuppe, leer, leichenblass und jämmerlich. Mein Universum hat sich schlagartig verfinstert, als wäre ich irgendwo eingekerkert. Völlig entblößt, geschwächt und ausgeblutet lässt der Ozean mich dort zurück. Meine Gewissheiten kommen mir komplett abhanden. Mein Körper schleppt sich nur noch und will mir nicht mehr gehorchen. Heute Morgen zweifelt meine ganze Seele und dreht durch wie eine Software, die nicht mehr beherrschbar ist. Bin ich dabei, alles hinzuwerfen? Ewige Minuten vergehen, in denen ich apathisch dasitze und nichts um mich höre und sehe. Es gibt nur noch den riesigen, dunklen Abgrund unter mir. Ich schäme mich vor mir selbst. Es macht mir Angst, dass ich mich so hängen lasse. Ich, die Starke, Stolze, Kämpferische. Was ist bloß los mit mir? Müdigkeit, Kräfteverschleiß, Einsamkeit ... Die Angst legt mich lahm, die Angst, nicht mehr vom Fleck zu kommen, so kurz vor dem Ziel zu scheitern, nicht durchzuhalten, mich schwach und elendig zu erleben und vor aller Augen meinen Argos-Peilfunk einschalten zu müssen.

Wenn es stürmt oder irgendeine Entscheidung ansteht, sind es letztlich meine eigenen Schwächen, die ich am meisten fürchte. Die Angst vor dem Impuls aufzugeben, davor, nachzulassen, andere zu enttäuschen, mich nach einem Zusammenbruch nicht mehr aufrichten zu können. Die Angst vor den Blicken der Kinder, die sehnsüchtig warten und ihre Hoffnung in mich setzen. Um ihretwillen darf ich die Segel nicht streichen. Sie sollen eines Tages den Mut haben, sich auf etwas einzulassen, damit sie sich nicht von Äußerlichkeiten blenden lassen, sondern ihren Träumen auf den Grund gehen. Damit diese Botschaft ankommt, muss ich selber durchhalten. Sonst wäre alles umsonst.

Man muss also zwangsläufig lernen, die Angst in den Griff zu kriegen, sie irgendwo im Kopf abzulegen, wie einen Trumpf, den man für den Notfall in der Hinterhand hat. Auf keinen Fall darf sie einen lähmen. Man muss sie genau unter die Lupe nehmen, ihr einen Namen geben, sie trivialisieren. Man muss sich mit ihr anfreunden, dann erweist sie sich als Geschenk. Dann nämlich hält sie dich zu äußerster Vorsicht an und schärft dir die Sinne. Der Erfolg hängt zu über 90 Prozent davon ab, ob du die Angst überstehst. Ich werde es also nicht zulassen, dass sie am längeren Hebel sitzt. Mein Verstand legt keinen Wert mehr darauf. Der kleine Roboter, der in meinem Bewusstsein schlummert, fängt an, den »Berg in kleine Scheibchen zu zerlegen«. Das wirkt wie ein plötzlicher Adrenalinschub: Ich stoße mich kräftig ab und komme wieder an die Oberfläche.

Soeben hat eine Welle die Brücke der *L'Oréal* überspült. Ich hole tief Luft und halte die Augen lieber geschlossen. Ich will es nicht mehr sehen, will nicht mehr feststellen, dass ich immer noch ganz allein dahocke. Mein Körper zittert, als wollte er mich aus einem schrecklichen Albtraum wachrütteln. Dann aber schießen mir viele gute Gründe durch den Kopf, mich langsam wieder ernsthaft an die Arbeit zu machen. Durch meine tränenverschleierten Augen sehe ich die große Treppe wieder vor mir. Eine leise Stimme feuert mich an: »Los Maud, Schritt für Schritt!« Manchmal stehe ich immer noch auf wackligen Beinen und gehe wieder zu Boden. Schon wieder kommt so eine Welle aus dem Hinterhalt und fegt meine neue Energie davon. Wieder heißt es bei null anfangen. Ich blicke in meinen kleinen Taschenspiegel. Ich sehe angespannt und traurig aus, meine Haut ist ausgetrocknet und salzverkrustet. Ich entdecke einige graue Haare, Sorgenfalten, die ich noch nicht kannte. Der Ozean gibt dir nicht nur eine Patina, er verändert dich innerlich genauso wie äußerlich. Nichts wird je wieder sein wie zuvor, so viel steht fest. Lauter Fragen schießen mir durch den Kopf. Darf ich mir das alles zumuten? Treibe ich es nicht zu weit mit dem Anspruch, immer Leistung zu bringen, immer noch besser zu werden? Befinde ich mich in Wirklichkeit nicht schon auf Talfahrt? Ist es nicht so, dass der seidene Faden, der mich noch mit den Menschen verbindet, jeden Tag bis zum Zerreißen gespannt ist? Werden die tiefen Narben aus dieser Schlacht nach meiner Rückkehr verheilen? Wird es mir gelingen, für diesen Kampf die richtigen Worte zu finden? Werden die Zeilen, die ich an meine Leser richte, meine Seele auslöschen? Werden sie die Energie, die ich weitergeben möchte, aufsaugen wie ein Löschblatt?

Um meine guten Vorsätze in die Tat umzusetzen und meine ständige Angst, es nicht zu schaffen, zu bändigen, mache ich Atemübungen, halte mir selbst Moralpredigten, greife in die Haribo-Tüte und bediene mich eines kleinen Tricks: Ich setze mir ein Ziel. Wenn ich zum Beispiel weiß, dass ein größerer Sturm auf mich zukommt, sage ich zu mir selbst: »Gut, wenn er dir Wind mit 40 Knoten ankündigt, dann ist das nicht weiter schlimm und kein Grund zu meckern. Immerhin sind es nicht 55 Knoten. Es wird also schon gut gehen.« Ich versuche, nicht ständig an allem herumzunörgeln. Die rote Clownsnase von meinem Vater habe ich unterwegs immer mit dabei. Sie hängt irgendwo, normalerweise neben meiner Koje, und hilft mir, mein Lächeln zu bewahren und auch in schwierigen Momenten wenigstens frotzeln zu können. Ich nehme mich selbst auf die Schippe, erzähle mir Witze und schneide vor dem spiegelnden Wasserkocher Grimassen. Ich führe alberne Selbstgespräche und versuche, mich nicht zu beklagen. Das klappt zwar nicht immer, aber wenigstens kommen die Albatrosse auf ihre Kosten ...

Angst heißt auch Angst vor Schmerzen. Maman Chantal sagt dazu: »Die Angst vor Schmerzen bringt das Übel überhaupt erst hervor.« Also gut, es tut einem oft etwas weh. Verstauchter Zeh, gebrochener Daumen, bandagierte Hände, Sehnenscheidenentzündungen, blaue Flecken am ganzen Körper, Augen, die allergisch auf Karbon reagieren, abgesplitterte Zähne. An Land würde man mich irgendwie trösten, und ich müsste wenigstens nicht den Abwasch machen. Allein an Bord der L'Oréal sieht die Sache allerdings ganz anders aus. Zuerst muss ich das Manöver beenden, das Boot sichern und auf Kurs bringen, und dann erst kann ich mich um mich selbst kümmern und sehen, was alles in die Brüche gegangen ist. Ich bin in einem äußerst merkwürdigen Stück Schauspielerin und Regisseurin zugleich. Ich leide und habe mir selbst zu meinem Leid verholfen. Eine seltsame Geschichte. Manchmal träume ich sogar davon. Kann es wirklich sein, dass wir noch vor wenigen Wochen an paradiesischen Orten waren, die mir heute unendlich weit weg erscheinen, Orte mit Süßwasser in Hülle und Fülle, an denen ich mich nicht irgendwo festklammern musste, um nicht hinzufallen, wenn ich mich wusch, wo ich selbstverständlich ein trockenes Handtuch hatte und ein abwechslungsreiches, appetitliches Essen, wo ich kein feuchtes, um nicht zu sagen klatschnasses Bett hatte und keine Welle mich im Schlaf zu überspülen drohte?

Was das alles wirklich wahr? Und gibt es das noch? Ich muss gestehen, dass ich hin und wieder von einer Pause geträumt habe, einer Unterbrechung, dass ich flehentlich den Daumen emporgereckt habe. Es hätte nicht lange sein müssen, nur ein paar Stunden Schlaf, und zwar ohne für alle Fälle die Stiefel anzubehalten ... Nur einen kurzen Moment lang: mich ruhig schlafen legen, ohne hin und hergerissen zu sein, ohne dieses schreckliche Schuldgefühl, weil ich schließlich mitten zwischen lauter Schifffahrtsstraßen unterwegs bin. Lieber Leser, man ist gut dran, wenn man diese perfide Angst nicht kennt, das Schlafverbot, die Last, für den eigenen Tod alleinverantwortlich zu sein.

Denn außer dir selbst ist da niemand, der Wache hält, Entscheidungen fällt, handelt. Schlafen wird zum äußersten Luxus, ein Allheilmittel von unschätzbarem Wert. Wie wichtig Schlaf ist, was für einen Genuss er bereitet, begreift man erst, wenn man weiß, was es heißt, sich von einem solchen Druck zu befreien. Wie oft habe ich auf meinen Wunschzettel geschrieben: »Bitte einen Tag, ohne dass irgendein Barometer alarmierend absackt, ohne Vorhersagen von Windstärken mit über 50 Knoten, ohne dass mir das Salz ständig in den Augen brennt und der Körper sich auflehnt gegen das, was ich ihm abverlange.« Aber das gehört mit zum Vertrag, keine Ferien, kein Wochenende, keine Unterbrechungen und erst recht kein Krankschreiben. Das Schiff hält gewissenhaft Kurs, und der Wind legt sich ins Zeug. Man kann ihnen zwar die Zunge rausstrecken und vom Faulenzen träumen, aber es hilft nichts.

Den Horizont absuchen, beobachten, immer wieder kontrollieren ist Tag und Nacht das Los der Seeleute. Ihr Horror: ein unbekanntes Schwimmobjekt, ein Schaden am Boot oder, schlimmer noch, zu kentern. Unterwegs tauchen immer wieder Gefahren auf, die nicht von der Natur ausgehen. Und nur weil man *eigentlich* allein ist und mehrere Tausend Seemeilen von der Küste entfernt, in einem auf den ersten Blick menschenleeren Universum, heißt das noch lange nicht, dass es nicht doch mehr oder weniger erfreuliche Begegnungen gäbe. Containerschiffe und andere Meeresgiganten etwa, um nur diese zu nennen, hinterlassen sichtbare Spuren in ihrer Fahrrinne und fühlen sich als die Herren vor Ort. Wie Bulldozer über ein Feld mit Mohnblumen pflügen sie übers Meer. Ihren Blick nur in die Ferne gerichtet, übersehen sie die kleinen Seefahrer, die in ihren Nussschalen direkt über der Wasseroberfläche unterwegs sind.

Was für eine Idee also, werdet ihr vielleicht sagen, in einem Ruderboot den Ozean zu überqueren, wie ich es gleich zweimal gemacht habe. Aber es erwischt auch größere Segelboote, die gerammt oder sogar schlicht weggemäht werden. Unfälle sind keine Seltenheit. Die Seeleute gelten als vermisst, der folgenlose Tod wird verursacht von Monstern aus Eisen, die die Kollision vielleicht nicht einmal mitbekommen und ihre Fahrt einfach fortsetzen. Zu ihrer Entlastung muss ich sagen, dass man ein Boot, das hundertmal kleiner ist als das eigene, tatsächlich kaum erkennen kann. Das ist der Albtraum jedes Seefahrenden, der allein unterwegs ist und gar nicht anders kann, als sein Leben dem Schicksal zu überlassen, wenn er ein paar Viertelstunden wertvollen Schlafs nachholen will. Auf ihn warten Eisberge, dann vor allem kleine Eisberge, Holzstücke, Kleinstinseln, Felsen oder Klippen, die kaum aus dem Wasser ragen und nicht vom Radar erfasst werden. Man hat also ständig Angst vor solchen unvorhersehbaren, gefährlichen Begegnungen. Wenn man sich mit der Wut der Verzweiflung dafür verflucht hat, allein losgefahren zu sein, bleibt einem nur noch, so oft wie möglich Wache zu schieben und nicht länger als eine Stunde am Stück zu schlafen

(Wecker nicht vergessen!). Ein unerbittlicher, aber unverzichtbarer Rhythmus, wenn einem das Leben lieb ist!

Bei allen Handgriffen und Manövern, bei denen einem Fehler unterlaufen, oder bei unkontrollierten Handlungen, deren Ursache in der Regel Übermüdung ist, liegt die größte Gefahr jedoch darin, dass man über Bord geht. Hier gibt es null Toleranz. Die Strafe folgt auf dem Fuße, und sie ist brutal: Innerhalb von nur wenigen Minuten wird man verschlungen und kann mit Entsetzen noch seinem Schiff zusehen, wie es seine Route allein fortsetzt. Schon beim Gedanken daran bekommt man eine Gänsehaut. Erst recht, wenn man sich die Situation nachts vorstellt. Bei jeder Überquerung hatte ich solche Albträume. Allein schon deshalb ist die Rückkehr zum Leben an Land, die einen von dieser Last befreit, ein Segen.

Der Wind frischt merklich auf. Der Ozean gibt sich die Ehre an Bord. Mit seinen riesigen Wasserarmen scheint er mich meinem Boot entreißen zu wollen. Die Wogen überfluten die Brücke und versuchen wie übermotivierte Rugbyspieler, mich aus dem Cockpit zu verdrängen. Mit aller Kraft halte ich dagegen, klammere mich an Reling und Lifeline fest und kämpfe mich weiter zum Mast vor, um das Segel zu reffen. Ein Röcheln wie von einem Tier im Endstadium lässt mich stocksteif stehen bleiben. Mit einem Ruck drehe ich mich um und sehe eine Riesenwelle auf mich zurasen. Reflexartig halte ich die Hände vor mein triefendes Gesicht und schnappe schnell noch nach Luft. Die düstere Welle lupft mich hoch wie einen Hampelmann, ich werde überspült und wie ein lebloser Körper gegen den Karbonmast geschleudert. Ich kann gerade noch den Kopf einziehen und werde auf der gegenüberliegenden Seite des Schiffes jäh gebremst in dem Schwung, der mich sonst das Leben gekostet hätte. Wie eine Marionette hält mich das Seil, das mich immer zuverlässig ans Boot bindet.

Solche Zwischenfälle sind häufig. Erschöpfung, Kälte, schwierige Bedingungen – das alles führt dazu, dass man Fehler macht und irgendwann vielleicht so patzt, dass die Reise beendet ist. Dagegen hilft nur eines, nämlich die Angst, die dich immer, auch in den stressigsten Momenten, zu eiserner Disziplin und Sorgfalt anhält und dir einbläut, dich ja am Boot festzumachen.

Das »Überleben« auf dem Meer hängt also davon ab, ob man eine ständige Alarmbereitschaft aufrechterhält. Da man sich nur auf sich selbst verlassen kann, wird man binnen kürzester Zeit wieder hellwach und hat alle Sinne beisammen. Am Anfang plätschert es noch etwas dahin, zwei-, dreimal bringst du dich in brenzlige Situationen. Die Tage vergehen, und nach und nach gewöhnst du dir an, es richtig zu machen. Du wirst extrem vorsichtig, weil du musst, bist immer auf der Hut und richtest alle Aufmerksamkeit auf ein einziges Ziel, nämlich, es zu schaffen. Oft werde ich gefragt, wie ich es körperlich und geistig durchgehalten habe, ständig eingesperrt zu sein und von oben bis unten durchgerüttelt zu werden, immer mit der Angst im Bauch, kein Land mehr zu sehen, völlig allein in einer feindseligen Welt. Ich glaube, die einzige Antwort darauf ist der Wille. Es war die Lust, es zu schaffen, um jeden Preis die Küste zu erreichen und meine Schüler nicht zu enttäuschen. Ich wollte einfach nicht lockerlassen und wohlbehalten ankommen. Alles andere war nur noch eine Frage der Organisation. Noch heute erinnere ich mich an mein Gespräch, das ich vor meiner Nordatlantiküberquerung im Ruderboot 2002 mit Alain Bombard führte, der die Überlebensmöglichkeiten von Schiffbrüchigen untersucht hat. Damals sprachen wir über den »Überlebensinstinkt« als einer Mischung aus Entschlossenheit und Anpassungsfähigkeit. Der Schlüssel zum Erfolg ist die Hoffnung. Nicht hadern, nicht nachlassen, Vertrauen haben in sich und in seine Fähigkeit, zu kämpfen: Das Leben ist zäher, als man manchmal meint.

In seinem Buch berichtet Alain Bombard davon, wie er sich ganz bewusst in eine Notsituation begeben hat, um zu zeigen, dass man selbst bei Schiffbruch nicht die Hoffnung aufgeben muss, mit sehr wenig überleben zu können. Was uns am meisten Angst macht, ist oft nur der Verlust der gewohnten Orientierung. Wir reden uns ein, nicht überleben zu können, und büßen die Fähigkeit dazu dann tatsächlich ein, weil unser Körper den Kampf aufgibt, obwohl er mit sehr wenig auskommen würde. Diese Begegnung hat mich stark geprägt.

Drei Jahre später dann begegnete ich nach meiner Pazifiküberquerung im Ruderboot, als ich in Tahiti ankam, dem polynesischen Fischer Tavaé, der mir seine unglaubliche Geschichte erzählte: Drei Monate war er allein in seinem Fischerboot auf dem Meer dahingetrieben, mit nichts als einem Kanister Trinkwasser. Ich war sprachlos vor Bewunderung für den alten Mann. Sein Gesicht von Wind und Wetter gegerbt, so trocken wie ein Stück totes Holz, und darin zwei Augen, die funkelten wie Sterne. In dem Blick war weder Leid noch Nostalgie, keine Wut und kein Aufbegehren, sondern nur Leben und Lebenslust, diese herrliche, fast übernatürliche Hoffnung, die ihn Stunde um Stunde ausharren ließ, mit verbrannten Augen, die ständig den Horizont absuchten, mit einem Körper, der nur noch Stützwerk für die Seele war, Tag für Tag, bis man ihn fand. Diese Lektion in Sachen Durchhalten habe ich nie vergessen. Es gibt ein Buch, das mich an das hartnäckige Festhalten am Leben erinnert: *Der Seewolf* von Jack London. Unabhängig davon, ob man die Hauptfigur für moralisch oder unmoralisch hält, hat mich an ihr immer fasziniert, wie sie am Leben hängt und um keinen Preis aufgeben will. Unsere Lust zu leben ist unser höchster Trumpf. An Land wie auf dem Meer versuche ich, nie das Handtuch zu werfen. Und niemand, so sage ich es immer den Kindern, soll einem sagen, dass irgendetwas unmöglich ist.

»Leinen los!« – Aufbruch von Réunion am Mittag des 16. Oktober 2006.

Fröhliche Verabschiedung: vor der »Probefahrt« von La Rochelle nach Réunion.

Einer der Kanister, die mir später noch wertvolle Dienste erweisen sollten.

Für das Setzen des Großsegels (Fläche: 170 m²) benötige ich 45 Minuten.

Fertigessen morgens, mittags und abends – das spart Geschirr!

Tägliche Routine: Alle zwei Stunden gilt es, Position und Kurs zu bestimmen.

Mit ihrem 5,40 m breiten Aluminiumrumpf und dem 29 m hohen Kohlefaser-
mast ist die *L'Oréal* die Idealbesetzung für schwierigste Routen.

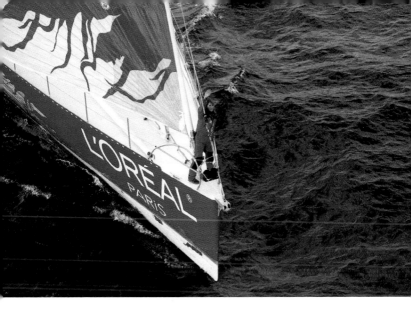

Willkommene Abwechslung: ein Gruß an die Fotografen im Helikopter.

Nach 150 Tagen auf hoher See: überschwänglicher Empfang am 15. März 2007 im Hafen von Pointe des Galets, Réunion.

In guter Begleitung: auf der letzten Etappe mit Notrigg und dem Patrouillenschiff *La Boudeuse* an meiner Seite.

»Lasst euch von niemandem einreden, dass es unmöglich ist!«

»Wenn es keine Hoffnung mehr gibt, heißt der Wille zur Hoffnung Zuversicht« – so sagte es der Europapolitiker Jean-François Deniau.

Für möglichst viel Sicherheit auf dem Meer rüsten wir uns aus, so gut es geht. Da wären das unverzichtbare Rettungsboot (es sollte so verstaut sein, dass es gut erreichbar ist), der Argos-Sender, mit dem du ein Notsignal abgeben kannst, die Funkverbindung, durch die dein Team an Land deine Route nachvollziehen kann (die Anlass zur Sorge gibt, wenn das Boot allzu viele Kapriolen macht ...), und das Satellitentelefon, mit dem du eine Person deiner Wahl darüber informieren kannst, dass du gerade untergehst! Tatsächlich nützt es dir in der Realität relativ wenig, dass du erfährst, was die Familie am Vortag gegessen hat (woran du dich auf die Entfernung dann erfreust) oder was gerade beim Frühstück los war. Umgekehrt wird dich nämlich niemand aus einer zehn Meter hohen Flutwelle holen oder dir dabei helfen, am sinkenden Boot ein Leck abzudichten. Die Technik hat ihre Grenzen, das sollte man nie vergessen. Das Wichtigste ist also, dass man mit einem guten, sogar sehr guten und sehr gut gerüsteten Boot startet. Außerdem brauchst du die erwähnte unerschütterliche Moral sowie Werkzeug und Material jeder Art zum Reparieren. Sich Hilfe zu holen ist theoretisch natürlich möglich (sofern du dich noch an Bord befindest), aber wenn du weißt, die Helfer sind manchmal so weit weg, dass sie über zehn Tage brauchen würden, um dich überhaupt zu finden, dann stattest du dich lieber mit etwas Flickzeug und einem guten Handbuch aus. Ich selbst habe mir das gründlich zu Herzen genommen und eine Kiste voller Betriebsanleitungen und technischer Daten mitgenommen. Was natürlich besonders nützlich ist, wenn der gesamte vordere Schiffsraum unter Wasser steht! Bastler hin oder her, es gibt eben Momente, in denen dir die Felle einfach davonschwimmen!

Am meisten Angst aber hat man letztlich vor dem Tod. Erstaunlich daran ist, dass mich diese Angst schon seit meiner Kindheit begleitet. Ich habe seit langem eine Art Countdown im Kopf, der mich daran erinnert, dass meine Stunden auf Erden gezählt sind. Jeder hat eben sein Päckchen zu tragen ... Seit mittlerweile über 15 Jahren versuche ich dafür zu sorgen, dass der Sand etwas langsamer in den Trichter rinnt. Es ist keine spezielle Angst vor dem Moment des Todes, vor dem letzten Atemzug, sondern eine echte Panik davor, nicht gelebt zu haben. Dass unsere Existenz, die jetzt alles ist, irgendwann nichts sein soll, ist nicht undenkbar an sich, es ist mir sogar völlig klar. Aber es ist ungeheuerlich. Ich will so viel schaffen und erleben und kann mich auf keinen Fall damit abfinden, dass ich mich vielleicht in einigen Jahrzehnten (wenn alles gut geht) verabschieden muss und den Kopf noch voller Ideen habe. Jeder Atemzug in meinen Lungen ist für mich ein Wunder. Die Tage oder Jahre, die uns gegeben sind, sind unendlich wertvoll und gleichzeitig höchst ungewiss. Wir entscheiden nichts und haben nichts in der Hand: Die Zeit macht einfach weiter, sie vergeht, und wir vergehen mit ihr. Der Baum wächst, und wir purzeln einer nach dem anderen wie überreifes Obst herunter. Warum? Gestern er, morgen ich? Und wenn ich das nicht will?

Diesen Kampf werde ich immer kämpfen, so viel steht fest, und der zerstörerischen Angst ein überschäumendes Leben gegenüberstellen. Mit meinen extremen Abenteuern auf dem Meer habe ich das Gefühl, ihr Paroli zu bieten. Ich sehe ihr geradewegs ins Gesicht und wende den Blick nicht ab. Und indem ich meine Grenzen immer weiter stecke, überzeuge ich mich davon, dass ich diejenige bin, die das Sagen hat. Die eigene Existenz zu gestalten bedeutet für mich auch, ihren unheilvollen Einflüssen zu entkommen. Ich habe mich immer schon lieber mit den Dingen auseinandergesetzt, statt vor ihnen davonzulaufen. Auf dem Meer habe ich zum Teil so lebendige, friedliche, gnadenreiche Momente erlebt, dass ich glaubte, die Zeit angehalten und mit einem Finger die Ewigkeit berührt zu haben. In vollen Zügen leben, um zu vergessen, dass man eines Tages sterben muss – wahrscheinlich will ich deswegen alle die aufrütteln, deren Leben irgendwie grundlos festgefahren ist. Ich gebe zu, dass ich manchmal daran gedacht habe, ihnen das Herz herauszureißen, um es einem von den zigtausend Kindern zu geben, die jeden Tag in der Welt sterben, ohne Liebe erfahren zu haben. Denen, die zu Höherem bestimmt waren, künftigen Chopins oder Raffaels, infolge von Hunger oder Krieg aber daran gehindert wurden. Darin liegt die Ungerechtigkeit, gegen die wir machtlos sind. Und ihnen gegenüber haben wir die Pflicht, das Leben zu leben, das ihnen allzu früh genommen wird.

Drei Tage vor meinem Auslaufen in Réunion verkündete mir mein Arzt, ich hätte Gebärmutterhalskrebs und müsste sofort operiert werden. Sollte ich alles absagen? Den Start verschieben? Unmöglich, undenkbar. Es wurde etwas hektisch. Der Krankenhausaufenthalt, der absolut vertraulich behandelt wurde, die Müdigkeit, die ich mit meinem unbedingten Lebenshunger überspielte. Ich habe mir die Ratschläge angehört und die Daumen gedrückt, dass es nicht ein paar Stunden oder Tage nach dem Start zu inneren Blutungen kommt, wovor der Chirurg gewarnt hatte. Dann habe ich mir einen Ruck gegeben, die Hände geschüttelt und bin gegangen. Schwierigkeiten, Plackereien, Ungerechtigkeiten – das alles ist in meinen Augen besser, als glücklich zu sterben. Ich musste meinen Traum leben. Nur so, davon war ich überzeugt, verdiente ich überhaupt zu leben.

6 Das Leben an Bord

oder Wie man sich in einem Universum der
Leere einrichtet

Die Erde schenkt uns mehr Selbsterkenntnis als alle Bücher,
weil sie uns Widerstand leistet. Der Mensch entdeckt sich
selbst eigentlich erst, wenn er sich an Hindernissen misst.

ANTOINE DE SAINT-EXUPÉRY

Wenn man einen Tagesausflug macht, ist es nicht weiter schlimm, wenn man Streichhölzer oder Tesafilm vergisst. Nach zehn Tagen sieht die Sache allerdings schon ganz anders aus!

Wie der Homo sapiens sich von A bis Z auf ein ebenso ambitioniertes wie anmaßendes und sicher auch etwas verrücktes Projekt vorbereitet, sei hier einmal näher beschrieben. Zuerst erfolgt die Basisarbeit: die Suche nach Partnern. Eine undankbare, lästige und in vielen Fällen ergebnislose Angelegenheit, nichts, was sonderlich aufregend wäre. Aber das Positive daran ist, dass man von der Vorbereitung der Präsentationsmappe überwechselt in die erste Phase der Konkretisierung des Traums. Wie es im Einzelnen ist, Hunderte von Briefen und Unterlagen zu verschicken, die unbeantwortet bleiben (und angesichts der Druckkosten irgendwann richtig ins Geld gehen), geplatzte Telefontermine abzuhaken und vor Türen zu stehen, die trotz heftigen Trommelwirbels hartnäckig verschlossen bleiben, erspare ich dem Leser. Nach monatelanger harter Arbeit und unzähligen Versuchen aber geschah das Wunder. Es war einer dieser Glücksfälle, denen du unbewusst vielleicht auf die Sprünge hilfst, indem du wie wahnsinnig schuftest: Der Umweltaktivist Nicolas Hulot vermittelte ein Treffen mit Patrick Rabain, dem Vizepräsidenten von L'Oréal.

Alles ist schön und hell, wie in einem Werbefilm. Die weitläufige Eingangshalle des Firmensitzes ist erfüllt vom Duft prächtiger Blumengebinde. Alles strahlt, vom Lächeln der Empfangsdame bis hin zum glänzend polierten Marmorboden. Ich bin, wie immer, etwas zu früh dran und warte ungeduldig in einem bequemen Ledersessel. Ich setze genauso viel Hoffnung in diese Begegnung wie in sämtliche vorhergegangenen, aber ich habe schon so viele »Bruchlandungen« erlebt, dass ich es eher für unwahrscheinlich halte, am Ende mit einem unterschriebenen Vertrag dazustehen. Es ist der 22. Dezember 2005, und in einer Stunde bin ich so weit, dass ich an den Weihnachtsmann glaube! Im Augenblick aber macht sich meine Schüchternheit wieder bemerkbar, die Anspannung überfällt mich regelrecht. Von meinem Platz aus kann ich den Aufzug sehen, der in einer Tour Gestalten verschlingt und wieder ausspuckt, die ebenso wohlgestaltet wie gut gekleidet sind. Auch ich habe mich in Schale geworfen, nicht zu sehr allerdings, schließlich muss mein »sportliches Profil« erkennbar bleiben. Ich male mir aus, wie ich in ein paar Minuten von einer Mitarbeiterin des Hauses abgeholt werde und wir vermutlich ins oberste Stockwerk fahren. Wie ich in einem riesigen, geschmackvoll eingerichteten Büro empfangen werde, vom profanen Gang sicherlich durch eine mysteriöse Schleusentür abgetrennt. Doch nichts von alledem. Ich sehe einen schwungvollen Mann in den Fünfzigern in Anzug und ohne Krawatte entschlossen auf mich zugehen. Er wirkt wie ein Wissenschaftler, der gerade ganz aufgeregt aus seinem Labor kommt, weil ihm sein Experiment gelungen ist, und auf die Schnelle bei mir vorbeischaut, so wie man das Fenster öffnet, um etwas Luft hereinzulassen, bevor man sich wieder in die Arbeit vertieft. Sein Lächeln, sein Händedruck, sein sanfter, intelligenter Gesichtsausdruck beruhigen mich ein wenig. Wir verlassen den Empfangsbereich. Patrick ist niemand, der sich mit Floskeln aufhält, er hat keine Zeit zu verlieren, er kommt direkt zur Sache.

»Haben Sie Hunger? Setzen wir uns in die Cafeteria? Das Restaurant oben ist geschlossen. Ich hoffe, das ist Ihnen recht?«

Drei Minuten später bahnen wir uns mit einem Tablett in der Hand einen Weg zur Salattheke. Er geht schnell, schüttelt immer wieder Hände und stellt mich mehreren Personen vor. Ich lächle, antworte freundlich und sehe vor allem zu, dass mir das Tablett nicht aus der Hand fällt.

Nach dem spontanen Auftakt haben sich die Dinge genauso natürlich weiterentwickelt wie in der Begegnung mit meinem Retter, sodass ich Weihnachten im Kreis meiner Familie (allerdings nicht zur Freude von Maman) meinen nächsten Start mit dem Segelboot feiern konnte, das von nun an den Namen *L'Oréal Paris* trug.

Damit begann auch die Zeit der Vorbereitungen. Dabei wird alles durchgespielt, um die Gefahren möglichst einzudämmen. Das Schlüsselwort lautet: Vorausdenken. Jede noch so kleine technische Störung wird bedacht, damit man sich darauf einstellen kann und alles so einrichtet, dass ich mit einer Reparatur auch allein fertig werde. Abgesehen von dem Wissen, das ich mir bei Lehrgängen der französischen Marine aneignen konnte, nehme ich von der Bordapotheke (eine Art Krankenhausgrundausstattung) bis hin zu Epoxydharz und Glasfaserkleber (um kaputte Teile wieder zusammenzufügen) alles mit, was mir dabei hilft, möglichst jedes Problem in den Griff zu bekommen. Nichts bleibt dem Zufall überlassen.

Weiter geht es mit dem Team, dem A und O jedes Unterfangens. Natürlich bist du auf dem Meer allein unterwegs, aber eben doch nicht ganz, denn alle sind sie da, alle Freunde, Profis und die vielen großzügigen Helfer. »Jedem seine Aufgabe und eine Aufgabe für jeden«: Nimmst du dir diesen Spruch zu Herzen, kannst du ein Projekt auf die Beine stellen. Dabei ist mir wichtig, dass jeder auf seine Kosten kommt, sich aber auch klarmacht, dass alles ineinandergreift und das eine ohne das andere nicht funktioniert. Und ganz im

Vertrauen: Ich wüsste niemanden, der gern an meiner Stelle losgefahren wäre! Wir schließen uns also zusammen, um gemeinsam das Unmögliche möglich zu machen. Ohne die anderen könnte ich das alles hier jetzt auch gar nicht berichten ...

Teamarbeit heißt also beispielsweise, dass ich meinem kleinen Bruder Roch großzügig das Einschweißen des gesamten Materials überlasse, während ich selbst darüber nachsinne, was ich auf keinen Fall vergessen darf. Das klingt jetzt etwas salopp, aber tatsächlich kommt man dank der Mitarbeit aller anderen auch hin und wieder zur Ruhe, und das wirkt wie ein kurzer, aber sehr wohltuender Durchzug – kurz, weil die Liste der Dinge, die noch zu tun sind, immer länger wird. Alles beschleunigt sich zusehends, mit jeder Woche. Was den einen oder anderen Punkt angeht, würde ich zwar nicht so weit gehen, von Pfusch zu reden, aber ohne dass man Prioritäten setzt, kommt man nicht voran. Leider kann nicht alles perfekt sein. Wenn man warten würde, bis es so wäre, würde man nie aus dem Hafen herauskommen. Es ist mir etwas peinlich, das zuzugeben, aber immerhin habe ich es fertiggebracht, vor meiner Pazifiküberquerung meine Zahnbürste liegen zu lassen, vor der Atlantiküberquerung meine Pinzette und vor meiner letzten Weltumseglung mein Ladegerät für den iPod. Was besonders ärgerlich ist, wenn man weiß, dass man ein knappes halbes Jahr lang auf keinen Supermarkt stoßen wird. Diesen Preis muss man bezahlen, wenn man sich überhaupt irgendwann auf den Weg machen will. Manche lassen ihre Träume auf dem Dachboden verstauben, andere holen sie hervor und nehmen dabei in Kauf, dass bei der Verwirklichung vielleicht etwas Geschirr zu Bruch geht. Nun gehöre ich ja nicht zu denen, die sich mit Luftschlössern begnügen. Ich packe den Stier bei den Hörnern und lege los. Mit den letzten Vorbereitungen ist es also ähnlich wie mit Weihnachtsgeschenken, die du noch am Nachmittag des 24. besorgst. Du weißt, dass du auf den letzten

Drücker kommst, und schämst dich auch ein bisschen dafür, aber der Laden hat noch geöffnet, Hauptsache, du kommst nicht mit leeren Händen nach Hause, also nichts wie los! Geholfen hat mir dabei immer, dass ich trotz mancher verwinkelter Wege das Wesentliche nie aus den Augen verloren habe. Alles andere ist Nebensache.

Und dann kommt irgendwann der Tag vor dem großen Aufbruch, es herrscht heller Aufruhr, und das Leben wird zum reinsten Feuerwerk! Alles ballt sich in wahnwitziger Geschwindigkeit zusammen, du weißt nicht mehr, wo dir der Kopf steht, das Handy läuft heiß, dein Schädel fühlt sich an wie eine Mikrowelle (was aber vielleicht auch nur vom Handy kommt), die Füße schmerzen, weil du auf der Suche nach dem letzten Ding, das unbedingt noch mitmuss, kreuz und quer durch den Ort gelaufen bist. Seit Monaten schon bist du wie in einem Sog, der grässliche Mechanismus der Armbanduhr verfolgt dich pausenlos. Es ist, als würden sich mitten im Umzug die Schwiegereltern zum Essen ankündigen: Der Kühlschrank ist leer, das Baby zahnt und schreit ununterbrochen, die Milch auf dem Herd kocht über. Der Große ist schon fünf Minuten zu spät dran für die Schule. Das Handy klingelt ununterbrochen, aber in diesem Chaos ist an Telefonieren überhaupt nicht zu denken. Und in einer Viertelstunde hast du einen Termin bei deinem Chef, dem du verklickern willst, dass du genau die Richtige bist, wenn es darum geht, den Betrieb mit der komplizierten ISO-Norm 9001 auf Vordermann zu bringen! Es sieht also ganz danach aus, als müsstest du dich noch etwas ins Zeug legen!

Um sein Ziel zu erreichen, hat Saint-Exupéry sich das Flugzeug als Vehikel auserkoren. Ich habe mich für das Boot entschieden, vielleicht, weil es am naheliegendsten ist, wenn man auf dem Wasser unterwegs sein will ...

Dann ist es endlich so weit. Du hast den großen Absprung in ein schonungslos karges und nicht immer angenehmes, dafür aber sehr gesundes Leben geschafft. Dann zeigt sich, was es mit den als unverzichtbar bezeichneten Dingen tatsächlich auf sich hat, denn das Meer lehrt dich, zwischen künstlich und natürlich zu unterscheiden. Unverzichtbar sind also: das Boot, das Wasser und zwei Beutel gefriergetrocknetes Fertigessen pro Tag. Alles andere findet man bei sich, und es ist ausgesprochen lohnend, sich auf die Suche zu begeben. Und noch einen Rat: Gib Acht auf deinen guten Stern und lehne nicht leichtfertig ab, wenn jemand es gut meint und dir positive Schwingungen mit auf den Weg geben will, denn das ist letztlich der Anteil Glück an der Sache. Das Glück zum Beispiel, nicht in einen Orkan zu geraten, eine Lifeline zu haben, die nicht reißt, wenn man sich in Sicherheit wähnt und vielleicht gerade ein Manöver ausführt, nicht mitten im Pazifik eine Blinddarmentzündung zu bekommen (da ich noch nicht daran operiert worden bin, ist dies meine größte Angst). Du musst also daran glauben und dir vor Augen halten, dass »null Risiko« eine utopische Vorstellung ist: Ob man auf der Straße ist, im Auto sitzt oder am Bankschalter in der Schlange steht – vor einem unaufmerksamen Autofahrer oder einem Bankräuber ist man nie sicher. Was das angeht, hat mir der Ozean eine zwar harte, aber sehr lehrreiche, eine gesalzene Lektion erteilt.

Anfangs sträubt sich der verweichlichte Körper noch dagegen, morgens aufzustehen oder sich mitten in der Nacht in die Sturmböen hinauszuwagen, um den Kurs zu korrigieren oder das Segel zu reffen. Wer wäre morgens um drei nicht völlig benebelt, wenn er Wasser schöpfen soll oder zum x-ten Mal die Travellerklemmen reparieren muss, mit denen das Segel am Mast befestigt ist? Dann gewöhnst du dich daran und stellst dich darauf ein, du lernst wieder, auf allen vieren über die Brücke zu kriechen, um den Wellen zu entkommen, maximal eine Stunde am Stück zu schlafen und zu jeder Tages- und Nachtzeit an irgendetwas herumzubasteln (Mädchen müssen genauso ran). Kurzum, du lernst ganz einfach zu leben, ohne Pille für jedes Wehwehchen, ohne Salbe für jeden blauen Fleck. Der Körper wird wieder hellwach, wie nach einem langen Schlaf, und benimmt sich wie ein Großer.

Der Ozean braucht uns nicht. Es muss also nicht eigens betont werden, dass man nicht etwa mit der Vorstellung aufbricht, man werde ihn »besiegen«, wo er praktisch mit einem Wellenschlag jede Spur unseres Daseins auslöschen könnte. Aus, vorbei. Ein weiterer Ratschlag lautet also: Keine langen Reden und nicht zu lange trödeln!

Oft hatte ich in Gedanken eine Ameise vor mir, die auf einem kleinen, dünnen Zweig stolz die winzige Pfütze überquert und doch nur Kümmerliches zuwege bringt angesichts der nahenden Hundezunge. Dieses Bild halte ich mir immer vor Augen, als rechtes Maß für meine maritimen Heldentaten.

Ich lebe im wahrsten Sinne des Wortes mit dem Meer. Es ist überall. Die Luke steht immer offen, damit ich schneller raus kann, das Boot ist mein einziger Schutz vor den Wellen. Mit dem Meer leben heißt auch, mit der unaufhörlichen Bewegung, dem Stampfen und Schlingern zu leben. Ich habe übrigens beschlossen, einmal eine Reise ohne Uhr zu machen, zumindest ohne Armbanduhr! Wie schnell die Zeit vergeht, sagt dir dann der Instinkt. Es wird ganz selbstverständlich, eine Vorstellung davon zu entwickeln, wie spät es sein könnte. Du lebst im Rhythmus der Sterne und überlässt deinen Tagesablauf Sonne und Mond ... und dem Wetter. Die Ratschläge eines Meteorologen sind in gewisser Weise »Trost spendend«. Der Traum jedes Seefahrenden ist, gleich auf mehrere Tage hinaus zu wissen, mit welchem Wetter er rechnen kann. Darin zeigt sich unsere ärgerliche Angewohnheit, alles vorhersehen und planen zu wollen. Die Wetterfachleute nehmen sich also die beiden gebräuchlichsten Wettermodelle vor, das französische und das amerikanische, und vergleichen sie miteinander ... Dass das französische das bessere ist, versteht sich von selbst, aber wir informieren uns dennoch bei der Konkurrenz, schaden kann es schließlich nicht. Anhand der Vorhersage wird der Segler dann seinen Kurs am Wind ausrichten und sich auf schwere Wetterlagen oder Flauten einstellen. Allerdings haut auch das nicht immer hin. Wettervorhersagen sind eine kurzfristige Angelegenheit, und man erlebt oft Überraschungen. Tatsächlich ist es so gut wie unmöglich, sicher vorherzusagen, wie lange ein Sturm oder eine Flaute dauert. Damit muss man sich sehr schnell abfinden und kann alles andere bis auf Weiteres vergessen. Die Ankunft ist mir oft wie ein regelrechtes Hirngespinst vorgekommen, und zwar noch bis zur letzten Minute. Von der Vorstellung davon, wie lange etwas zu dauern hat, sollte man sich gründlich verabschieden. Das Meer offenbart seine Schätze zu seiner Zeit, du musst dich gedulden und vielleicht wochenlang leiden, um einen flüchtigen Moment des inneren Friedens zu erleben. Du darfst nichts von ihm fordern und musst oft den Kopf einziehen, ohne dich zu ärgern. Die goldene Regel heißt: Demut. Ich für meinen Teil kann sagen, dass mir die Vorhersagen bei meinen Überquerungen im Ruderboot keine große Hilfe waren, weil ich nur so langsam vorankam. Ich konnte meinen Kurs nicht von Schauern und Böen abhängig machen, denn die Wettersysteme waren immer schneller als ich. Bei meiner Weltumseglung haben mir die Vorhersagen insoweit geholfen, als es mir nicht um Rekorde ging und ich sie als Warnung registriert habe (vor allem im Hinblick auf nahende Tiefdruckgebiete). So gesehen gibt es auch den typischen Tag eines Seefahrenden nicht, denn es kommt immer darauf an, wie müde man ist und wie das Meer beschaffen ist. Aber es gibt sehr wohl Dinge, die regelmäßig zu tun sind. Mit meinem Bordtagebuch habe ich es beispielsweise sehr genau genommen. Es war meine Art, einen schweren Schlag zu verarbeiten oder unvergessliche Erlebnisse in Worte zu fassen. Normalerweise setze ich mich dazu in die Koje, damit mein Heft nicht nass wird. Ich habe mehrere an Bord und könnte gar nicht ohne sein. Das gilt auch für Bleistifte. Bei meiner Atlantiküberquerung habe ich die letzten Zeilen mit einem winzigen Bleistift geschrieben, den ich zufällig dabeihatte, weil die Filzer alle leer waren. Ich habe mehrere Seiten vollgekritzelt und fast überall herumkorrigiert. Und es gibt den »Punkt« auf der Karte, die Kursbestimmung, ungefähr alle zwei Stunden oder öfter, wenn man sich in Küstennähe oder in einem gefährlicheren Gebiet befindet.

Dann wären da noch die Essenszeiten, wobei die Mahlzeiten nicht nur schnell zubereitet, sondern auch sehr schnell verschlungen sind. Fertigessen morgens, mittags und abends – das spart Geschirr! Dabei phantasiere ich ständig übers Essen und ertappe mich dabei, wie ich auf Essensmetaphern für die Landschaft verfalle: honigfarben, Sahnehimmel, zerklüftet wie eine Makrone usw. Ich träume von Schokolade, frischem Obst, Zitronentarte, Eissorten wie Mokka, Erdbeere, Himbeere …

Und dann wären da noch diverse Instandhaltungsarbeiten, das Boot und mich selbst betreffend. Das Boot muss täglich von oben bis unten inspiziert werden. Ich muss nachsehen, ob alles gut befestigt und verstaut, nichts abgenutzt oder beschädigt ist, ich muss Leinen auswechseln, bevor sie reißen, Gewindeschrauben prüfen und alles festziehen, was mir vor den Schraubenzieher kommt. Das ist eines der größten Probleme, wenn man gegen den Wind unterwegs ist: Das Boot prallt so heftig auf, dass kein Gewindekleber hält. Man muss auch Böden und Elektronik prüfen, regelmäßig die Sonnenkollektoren reinigen, ein Auge auf die Windräder haben usw. Diese Arbeiten müssen sehr sorgfältig durchgeführt werden, denn nur dann bleibt man von größeren technischen Problemen verschont.

Was die äußere Pflege des Seefahrers angeht, so liegen die Dinge noch komplizierter, wenn es sich um eine Seefahrerin handelt: Frauen verbringen mehr Zeit damit. Ich für meinen Teil habe bessere Laune, wenn ich mich regelmäßig um meine Haut und meine

Haare kümmere. Ich spare also nicht an der Spülung oder der Antifaltencreme. Irgendwer hat sogar einmal gesagt, ich sei die Karikatur einer Seglerin! Noch dazu von L'Oréal gesponsert! Unter den leicht amüsierten Blicken der Albatrosse wasche ich mich also bei jedem oder fast jedem Wetter mit Meerwasser, und ich kann euch sagen, dass es durchaus eine Leistung ist, bei minus fünf Grad in drei Grad kaltem Wasser aus langen Haaren Shampoo herauszuspülen ...

Hübsche, makellose Wölkchen beugen sich wie Krankenschwestern über die L'Oréal und mich und wachen über unser Fortkommen. Der Schatten des Großsegels streicht mit unglaublicher Komplizenhaftigkeit über mein Gesicht. Auf dem Meer wird alles sublimiert, alles noch herrlicher, die Farben, die Nachrichten und Stimmen, die dich erreichen, Worte, die du liest, Gefühle und Empfindungen. Musik und Bücher sind für mich das Wichtigste an Bord. Die Musik beruhigt mich und bringt mich für kurze Zeit zurück an Land. Sie dämpft meine schwarzen Gedanken und wirkt wie Balsam für meine Tränen, meine Wunden, meine brennende Seele. Zärtlich und mütterlich umgibt sie mich, erwärmt mir das Herz und versetzt mich in positive Schwingungen. Mit Musik legt mein Körper seine Kruste ab, Musik bringt mich dazu, mir auch einmal Zeit zu lassen. Bei einer Symphonie von Brahms oder Haydn gebe ich der Stille Raum und lasse den Moment ruhen, um all seine Facetten zu genießen. Ich bewundere den Weisen, der mit der Zeit lernt, sich so wenig wie möglich zu bewegen. Er ist sparsam mit seinen Gesten und geizt nicht etwa damit, denn er muss die Stille mit nichts anfüllen, sondern nährt sich im Gegenteil von ihr. Leidenschaft berührt ihn nicht.

Bei meinem genügsamen und manchmal auch monotonen Leben auf dem Meer hilft mir trotz der anstürmenden Wellen auch das

Lesen, dem Alltag zu entfliehen. Ich habe alle möglichen Bücher dabei: historische Romane, Reiseberichte, Biografien, Bestseller. Ich habe Patrick Poivre d'Arvor gelesen, Antoine de Saint-Exupéry, Bernard-Henri Lévy, Anna Gavalda, Stefan Zweig, Jean-Christophe Rufin, Victor Hugo ... Seltene Momente der Ruhe, denn wenn ich einmal ein paar Minuten Pause habe, muss ich meistens dringend Schlaf nachholen. Lesen ist also ein Luxus, was es noch wertvoller macht. Manchmal möchte ich allein schon wegen dieser ruhigen Lektürezeit wieder aufbrechen, in der es nur noch mich und die Worte gibt. Unendlich aufmerksam nehme ich bis hin zur Form der Buchstaben alles wahr, ergötze mich an der Wortwahl, an Metaphern und Bildern, die mich mit auf die Reise nehmen. Ich habe gern Bücher um mich, ich liebe ihren Geruch, ihre Geschmeidigkeit und sehe sie gern an, wie sie dastehen und warten. Oft lese ich, je nach Stimmung, mehrere auf einmal.

Der Ozean wäscht mir den Staub aus den Augen. Mein Verstand flüchtet sich in Träumereien. Ich sehe Menschen und würzig duftende Bergwege vor mir, wärme mich am Licht, das durch Bäume dringt, atme sommerliche Düfte ein und höre mich summen, wenn eine Biene vorbeikommt oder eine Amsel singt. Lauter schöne Dinge, die es hier nicht gibt und die man in der Erinnerung auf dem offenen Meer wieder zu schätzen lernt. Oft sehe ich meinen Großvater mütterlicherseits, mit dem ich in den Sommerferien immer auf den kleinen Pfaden oberhalb von Le Grand-Lemps in der Dauphiné unterwegs war. Da bist du, Opa, die Hände hinterm Rücken verschränkt, und gehst gemächlich bergauf, um dich nicht zu überfordern und den Spaziergang genießen zu können, und ich schwirre um dich herum wie ein Schmetterling. Manchmal nahm ich deine Hand und drückte sie ganz fest, als wollte ich dir etwas von meiner Kraft geben. Auf halber Strecke rief deine Diabeteserkrankung dich zur Ordnung, und wir machten im Schatten halt. Du holtest eine kleine Eisenschachtel aus der Tasche deiner Kordhose hervor, die mit zwei Gummibändern umwickelt war, und nahmst dir ein Stückchen Zucker oder einen kleinen Keks heraus, um der Unterzuckerung vorzubeugen. Hättest du mir zugehört, wenn ich dir gesagt hätte, dass mir auf der Erde die Luft zum Atmen fehlte? Ich war 15 und redete übers Meer, du nicktest. Ich stellte 1000 Fragen, und du sagtest, wir müssten umdrehen, um zum Abendessen zurück zu sein. Ich verstand dich nicht immer, aber das nehme ich dir nicht übel, lieber Opa. Hier bei mir auf dem Boot, wo sonst niemand ist, wirst du wieder lebendig und begleitest mich.

Mein Telefon läutet, man könnte meinen, es sei eine Möwe, die im Bauch der L'Oréal gefangen ist. Da ich mit meiner Familie immer nur sehr kurz rede, geht es nie um das aktuelle Tagesgeschehen. Bei manchen Interviews aber war ich in der Warteschleife, und anstelle der üblichen Musik spielten sie Nachrichten ein. Ende Dezember 2006, als der furchtbare Sturm gerade vorüber war, hörte ich auf Radio Monte Carlo eine Reportage über den Tod von Saddam Hussein. Die Meldung war so brutal, dass sie mich komplett lähmte. Mir wurde klar, dass ich vollkommen schutzlos in einer völlig anderen Welt gelandet war. Ich war entsetzt über den Kommentar des Journalisten, der sich so genüsslich in Details über die Hinrichtung erging, als würde er die Speisenfolge für ein Weihnachtsessen beschreiben. Es war früh am Morgen, Mütter bereiteten das Frühstück für ihre Kinder zu, das Leben ging weiter, die Meldung plätscherte dahin. Bei mir schlug sie ein wie eine Bombe. Sind wir Erdbewohner inzwischen so empfindungslos?

Dicke, bedrohliche Wolken wälzen sich über den Himmel und nähern sich in Windeseile. Plötzlich sieht der Himmel aus, als würde er Berge aus schwarzem Rauch ausspucken. Das Meer ähnelt einer Herde galoppierender Yaks, die mit ihren Hufen die Fluten durcheinanderwirbeln und die Gischt aufwühlen wie Staub. Ich sehe hinüber zur Brücke und auf das untere Ende des Masts, wohin ich mich jetzt vorarbeiten muss, um das Segel einzuholen. Ich hole tief Luft, um mir Mut zu machen. In solchen Momenten ist die Einsamkeit wie ein schwer lastender Amboss. Dann würde ich mich manchmal am liebsten auf eine Wolke schwingen und weit weg fliehen. Ich führe laut Selbstgespräche. Ich denke mir jemanden aus, der bei mir ist und mir sogar die Leviten liest.

Wenn ich auflege, ist der Weg immer noch weit. Ich muss also den Faden wieder aufnehmen und in die Einsamkeit zurück. Nach jeder Verbindung mit dem Festland hakt es erst, es ist wie ein Riss im Gewebe. Wenn ich die Stimmen meiner Angehörigen höre, bedeutet das jedes Mal einen Schub an Traurigkeit und Einsamkeit. Gleich danach überkommt mich grenzenlose Trauer. An manchen Tagen will ich schon gar nichts mehr sagen, meine Lippen bleiben steif, wie vom Salz erstarrt ... Es ist, als hätte ich die Sprache verloren. Ich igle mich völlig ein. Ich bin das Segel, das man bei zu starkem Wind einzieht. Ich mache dicht, schütze mich, will nicht mehr, dass es wehtut. Sprechen heißt wie ein Mensch zu sein, und ein Mensch in den *Roaring Forties* zu sein, heißt: wieder leiden. Denen an Land zu erzählen, was ich durchmache, heißt, dass ich ihnen alles ganz lebendig schildere und dann in meiner fiebrigen Erregung wieder mit meinen Ängsten konfrontiert bin, meiner Einsamkeit, mit der mondscheinlosen Nacht, die mich zu verschlingen droht. Manchmal würde ich mich am liebsten in einen Roboter verwandeln, in einen stählernen Automaten, dem keinerlei Sehnsucht nach anderen anhaftet. Ich würde gern in den Ruhezustand wechseln, den Stecker ziehen und warten, bis eine neue Softwareversion erhältlich ist, mit der ich die Emotionen besser unter Kontrolle hätte. Die Wahrheit ist aber auch, dass ich diesen Automatismus nicht mehr will und nicht zuletzt deshalb auf dem Meer bin. Ich tröste mich mit der Vorstellung, dass meine Familie und alle, die mein Abenteuer verfolgen, bei mir sind. Der Ozean soll seine Riesenhaftigkeit ruhig demonstrieren, an seiner Seite fühle ich mic wirklich verloren.

Aufmunternde Gedanken wie diese speisen meinen inneren Fluss gleich Hunderten von Rinnsalen. Ich zehre von Erinnerungen, auch solchen, die weit zurückliegen. Meine Familie ist mit mir an Bord, manchmal höre ich ihre Stimmen und erwische mich dabei, wie ich ihnen antworte, ganz leise nur, um den Zauber nicht zu zerstören. Sie bevölkern meine Träume, wachen über mich wie eine Kerze, die nicht verlischt. Ich denke an das frische, warme Brot, das morgens auf dem großen Eichentisch im Esszimmer steht, an den Duft von Zimt auf dem Apfelkuchen, der gerade aus dem Ofen kommt, an Anya, die auf den Küchenfliesen mit Lego spielt, an den bequemen Sessel im Wohnzimmer, auf dem mein Großvater immer saß und in den ich mich so oft mit angezogenen Beinen gekuschelt habe, um in Ruhe nachzudenken. Ich habe den Geschmack von Mamans Orangentee auf der Zunge und höre das knarrende Parkett, das Roch so auf die Nerven geht ...

Abwesenheit lässt matte Leidenschaften verkümmern und starke anwachsen, so wie der Wind die Kerzen löscht und die Feuer entfacht. FRANÇOIS DE LA ROCHEFOUCAULD

Einmal in der Woche habe ich ein Telefoninterview mit meinen Kleinen Abenteurern. Ich versuche, meine Strapazen zu vergessen, und widme mich eine halbe Stunde lang nur ihnen. Oberstes Gebot: sie immer begeistern, wenn ich ihre Lieblingsfragen zu Meerestieren und dem geheimnisvollen Leben im Ozean beantworte. Rund 20 Delfine schwimmen in fröhlicher Formation vor dem Bug der *L'Oréal*. Ihre vertrauensselige Art macht mich überglücklich. Sie springen in die Höhe, um auf sich aufmerksam zu machen, und spritzen mich nass, wenn sie sich wieder ins Wasser fallen lassen. Ihr Lächeln, ihre sichtliche Lebensfreude und ihr unablässiges Spiel faszinieren jeden Menschen. Als ich mit meinem Ruderboot unterwegs war, musste ich nur die Hand ins Wasser strecken, um sie zu berühren. Auf meinem Segelboot lasse ich auf der Brücke die Beine baumeln und lehne mich durch die Reling hindurch weit vor, um ihnen möglichst nahe zu sein. Mit ihnen vergesse ich alles ringsum. Dann habe ich selbst an grauen Tagen Sonnenschein und schwöre mir, dass ich es niemals bereuen werde, losgefahren zu sein. Meine Liebesgeschichte mit den Walen fing gleich bei der ersten Begegnung an. Ihr Gesang ist die süßeste, melodiöseste und geheimnisvollste Symphonie. Mit ihren grazilen Bewegungen, mit ihrer Aufmerksamkeit und ihrem Respekt uns gegenüber sind sie für mich das Symbol für Frieden und Gelassenheit. Ihre Schönheit geht mir durch und durch, ihre Kraft liegt jenseits aller Empfindungen. Ich bin körperlich wie seelisch verzaubert, wenn ich sie so wuchtig und zärtlich zugleich erlebe. Eine Art durchsichtiger, seidener Schleier umgibt uns. Ich wage nicht, mich zu bewegen, aus Angst, das zarte Gebilde zu zerstören. Furchtlos schwimmen sie eine lange Strecke neben uns her.

Die Sonne ist wieder da und hüllt mich mollig warm ein. Der Wind bedeckt mich mit Küssen. Langsam kehrt das Leben zurück. Ich habe das Gefühl, aus einem langen Koma zu erwachen. Die leicht flauschigen Wolken legen sich lindernd auf meine Wunden. Ich versinke in ihnen wie in einem prall gefüllten Federbett. Das jetzt ganz aufmerksame Meer wiegt mich und versucht geduldig, meinen Hunger nach Zärtlichkeit zu besänftigen. Mein Blick schweift hinüber zu einer Schar fliegender Fische, die silberne Brücken an den Himmel malen. Über ihnen lauern die »großen Meeresvögel«, wie Charles Baudelaire sie nannte.

Das erste Mal sah ich ihn im grauen Licht der Morgendämmerung. Ein lebendiges Funkeln in der riesigen, feierlichen Weite. Einer von den vielen Hundert Albatrossen, denen man begegnet, der einzige, der mich aufrecht und stolz ansah, als sei er der Herr über die Südmeere. Ich gab ihm den Namen Sascha. Der Gigant mit seinen schwarzen Augen, der strahlend weißen Hemdbrust und dem strengen Mantel wie aus Ebenholz, von dem sich die korallenfarbenen Füße und der rosa Schnabel deutlich abheben, ist zum großen Vergnügen der Kinder mein Begleiter in der Not, mein Vertrauter, mein ewiger Freund, Komplize und Zeuge meiner Rückkehr zu den Wurzeln.

Doch wird es Zeit, sich von ihm zu verabschieden: Ich lasse die Südmeere hinter mir, steuere auf das Kap Leeuwin zu und bin in wenigen Wochen mitten auf dem Indischen Ozean. Bald, sehr bald vielleicht schon komme ich an. Beim Gedanken daran weicht die Angst in mir ganz sanft wie Rauch, der mit dem Wind verfliegt. Es ist Nacht geworden, und unter dem wohlwollenden Blick des Mondes wird das Meer zum Diamanten. Der Himmel ist mit Goldkörnchen übersät. Ich fühle mich unendlich reich, wie der glücklichste Mensch. Die Schönheit des Ozeans hat es mir für immer angetan. Er ist hier zu meinem Gemahl geworden, und wie eine über alle Maßen verliebte Frau verzeihe ich ihm alles.

7 Nachtstück

oder Sucht euch Schätze am Himmel, wo sie nicht
von Motten und Rost zerfressen werden

So verrannen die Tage, regungslos, brennend heiß,
drückend, und verschwanden einer nach dem anderen
in der Vergangenheit, als fielen sie in einen Abgrund,
der sich ewig in der Fahrrinne des Schiffes auftut.

JOSEPH CONRAD

Mit Einbruch der Nacht zieht sich der Horizont rings um uns zu wie
eine Drahtschlinge. Es ist der 27. Januar 2007, wir befinden uns im
Pazifischen Ozean auf 139° 38′ östlicher Länge und 40° 31′ südlicher
Breite. Ein weiterer Tag, eine weitere Etappe meiner Weltumsegelung
gegen den Wind geht zu Ende. Jeder überstandene Tag erhöht die
Chancen, dass ich meinen Traum zu Ende träumen kann. Ein klei-
ner Sieg über mich selbst, eine weitere Schlacht, die ich zu meinen
Gunsten entscheiden kann. Langsam weicht die Dämmerung der
Dunkelheit. Wir legen Trauer an. Mit 35 Knoten bläht der Wind der
Antarktis die Segel der *L'Oréal* und peitscht mir grob ins Gesicht.
Mein Meteorologe kündigt mir für die Nacht schlechtes Wetter an,
Wind mit 45 Knoten. Ich werde wieder Wache halten müssen. Seit
über drei Monaten bin ich jetzt unterwegs, zwei Drittel der Strecke
liegen hinter mir. Langsam addieren sich die Stunden, Tage, Wochen, jede Sekunde ist ein Ziegel mehr, der unser Haus vollendet. An
Land bin ich immer sehr ungeduldig. Die Dinge gehen mir nie
schnell genug, es dauert in der Regel sehr lange, bis die Projekte
wirklich Gestalt annehmen. Und der Schokoladenkuchen im Ofen
braucht auch immer zu lange! Auf dem Meer dagegen bin ich nicht
wiederzuerkennen. Wenn ich mich für fünf lange Monate auf den

Weg mache, dann zwar nicht gerade »ohne mit der Wimper zu zucken«, aber doch entschlossen, also im vollen Bewusstsein der Absurdität meines Vorhabens.

Ich ziehe den Kragen meiner Rettungsweste ganz hoch und meine obligate rote Mütze noch weiter über die Ohren. Minus vier Grad Kälte. Der Frost treibt mir die Tränen in die Augen. Über das schwächer werdende Licht legen sich jetzt noch dunkle Wolken, die uns umzingeln, es ist, als würde es nach einem letzten Augenzwinkern bei Sonnenuntergang gehen, um dann gemütlich wiederzukommen. Ich kneife die Augen zusammen, damit ich etwas erkenne. Dann fällt übergangslos die Nacht über uns her. Den Bug meines Bootes hat sie bereits verschlungen. Ich klammere mich ans Steuerruder, um nicht die Orientierung zu verlieren. Wir tauchen in die Düsternis ein wie in einen feuchten, kalten Keller. Ich blicke hinter mich, aber unsere Spur im Wasser hat sich schon wieder verflüchtigt. Nichts gibt uns noch Halt, die letzte Trosse ist losgeworfen, wir stürzen ins Dunkel. Was wird mit uns in der Finsternis zwischen Abend- und Morgendämmerung? Wird sie mein Boot und mich für immer mit sich fortnehmen? Sind wir dazu verdammt, binnen weniger Minuten von der Erdoberfläche zu verschwinden, als Gefangene dieses riesenhaften, pechschwarzen Waldes? Der Ozean, den die plötzliche Attacke genauso kalt erwischt hat, ist fast ganz still. Noch eine Last, die auf unseren Seelen drückt. Aus meiner Kehle will kein Laut mehr dringen, als hätte sich das schwarze Loch, das sich ringsum auftut, auch meine Stimme einverleibt. Ein plötzlicher Kulissenwechsel, der Vorhang hat sich gesenkt. Ende des Schlussakts, der Saal leert sich, alle gehen. Nur ich nicht. Uns umgibt das Unbekannte und die Angst davor. Es ist eben keine Bühne, die ich im Dunkeln überquere, sondern ein Ozean. Ich reiße die Augen weit auf, um den besten Weg zwischen den Wellen hindurchzufinden. Der Wind fegt immer stärker durch die Wanten der

L'Oréal, wie ein Zug, der beim Einfahren in den Bahnhof immer lauter wird. Kaum haben sich meine Ohren an die neuen Geräusche gewöhnt, knarzt es auch schon überall, in der Takelage, auf der Brücke, im Rumpf, in den Eingeweiden meines Bootes, wie in einem Haus, in dem es spukt. Hausherrin ist die Nacht, sie wirbelt herum und umfängt uns mit ihrem eisigen Atem. Wie ein nicht greifbarer Schatten lässt sich mein Boot im Bann dieser Teufelin immer schneller treiben. Es zieht uns Richtung Horizont, auf die anthrazitfarbene Mauer zu, die unüberwindbare Barriere.

Ich schließe die Augen, um mir selbst Mut zu machen, aber der stechende Blick der Nacht verfolgt mich durch meine Lider hindurch. Wie eine Wahnsinnige erklimmt die *L'Oréal* Welle für Welle und rast auf die Fluten zu wie auf einen Felsen. Ich versuche, sie etwas zu bremsen. »Nachts unter kleinem Segel«, hat mein Vater immer gesagt. Ab den Abendstunden muss man noch mehr bei der Sache sein. In der tückischen Dunkelheit wird es noch schwieriger, ein Problem rechtzeitig zu erkennen, eine Störung zu beheben, eine fatale Bewegung des Bootes zu erahnen. Unfälle passieren in der Regel nachts, wenn Müdigkeit und mangelnde Orientierung den Seefahrer erheblich beeinträchtigen. Wir reffen also das Segel, bevor der Wind noch stärker wird. Später ist das unter Umständen nicht mehr möglich. Ich habe mir bereits am Kap einen Riesenschrecken eingejagt und einen Finger gebrochen. Ein zweites Mal passiert mir das nicht! Mit zwei Reffs im Großsegel und gesetztem Vorsegel fahren wir in die Nacht hinein.

Auf den Himmel aus Kupfer folgt der Himmel aus
Zinn. Die Nacht macht einen Schritt.
Die Schattendinge erwachen zu Leben.
Die Bäume verständigen sich leise.

VICTOR HUGO

Hinter den orange getönten Wolken zeigt sich noch ein paar Sekunden lang die grell glühende Scheibe. Wie ein schöner, sinnlicher Vogel schlägt die Sonne ein Rad aus scharlachroten Strahlen und plustert sich über dem Horizont auf. Sie lässt die Flügel kreisen, wackelt mit dem Kopf hin und her und tanzt verführerisch über den Wellenkamm. Der Himmel entzündet sich wie ein verliebtes Herz, das Meer errötet vor Vergnügen. Die untergehende Sonne tupft etwas Gold in die matten Segel der *L'Oréal*, die gleich wieder Kraft tankt. Es ist, als baumelten wir zwischen Himmel und Meer, in den Raum gehängt wie Zuschauer in der Theaterloge. Jetzt verwandelt sich der Ozean in ein riesiges Sonnenblumenfeld. Alles steht in voller Blüte, vor meinen Augen entfalten sich die kräftigsten Farben. Mein Boot pflügt durch die flutenden Täler und erfüllt meine Seele mit den explodierenden Farben. Ein Schauspiel aus Purpur und Gold, Weinrot und bischöflichem Violett, aus Zitronengelb und Magenta. Das glühende Auge, so charmant wie männlich, lässt mich erbeben. Ich habe das Gefühl, dass dieses Spektakel nur für uns stattfindet. Ein fantastischer Schatz am Ende der Welt, ein Geschenk in letzter Sekunde, nach tagelangem Nebel und Schatten. Nachdem das Lichterschauspiel den Himmel entflammt hat, hält es sich noch ein wenig und lässt sich bewundern, wie die schöne Ballbesucherin, die endlos durch den Saal schwirrt und gar nicht genug davon bekommen kann, von allen bestaunt zu werden.

Das Feuerwerk an Farben, das meisterliche Ballett lässt mich an zu Hause denken. Ich sehe den marokkanischen Teppich mit seinen Rot- und Ockertönen im Wohnzimmer, die safranfarbene Decke in meinem Schlafzimmer, das Prinzessinnenkleid meiner kleinen Nichte Anya, die um uns herumwirbelt, meine Lieblingsmakronen mit Vanillefüllung, ein Glas Erdbeermilch. Vor meinen Augen beginnen meine schönsten Kleider zu tanzen, eine opulente Festtafel ist gedeckt, ich spüre eine Hand, die mein Gesicht berührt, und einen Kuss auf meiner Stirn. Ein paar Minuten lang ist mein sehnsüchtiges Herz angefüllt mit meinem Kosmos an Land. Ich genieße es in vollen Zügen. Und wenn ich mich ganz stark konzentriere, rieche ich sogar Mamans Maiglöckchenparfüm und spüre ihre sanfte Haut auf meinen Lippen. Ganz kurze, aber herrliche Momente, köstlich wie eine frische Frucht: lauter Erinnerungen in meiner endlosen, fluiden Weite. Aber die Vorstellung ist bald vorbei. Dann heißt es nach Hause gehen. Dabei würde ich den Darstellern gern noch länger zusehen und sie überreden, mich nach Réunion zu begleiten. Mein Herz applaudiert wie verrückt, ich warte auf eine Zugabe, aber das schwarze Lid sinkt bereits wieder herab. Eilig werden noch ein paar Ornamente verändert, es kommt noch einmal zu hektischem Treiben am Horizont, aber nur kurz. Der azurblaue Himmel geht und sammelt sich. Und ich bleibe selig und noch ganz aufgewühlt in meinem Schwindel zurück. Vor mir ist nur ein leerer, öder Raum; eine schwache, strohfarbene Glut verblasst vollends. Ich verspüre einen ebenso leichten wie wirksamen Rausch, wie er sich nur nach etlichen Tagen auf dem Meer einstellt. Ich bin ganz betrunken von den grellen Farben, die ich überstürzt aufgesogen habe, benebelt von der bunten Essenz, die man weder mit Begriffen aus dem Wörterbuch noch in einem Film wiedergeben kann. Ein wohliger Schauer durchfährt mich. Ich schlinge die Arme um mich, um die wärmenden Kräfte noch einmal zu spüren und diesen Moment voller Zuversicht noch etwas in die Länge zu ziehen.

Alles, was lebt, ist oder denkt,
Sieht angsterfüllt,
Wie in der dunklen Weite
Die dunkle Stille naht.

VICTOR HUGO

Das Faszinierende am ausklingenden Tag ist, dass er wirkt wie eine Auszeit, eine Standaufnahme, ein Bruch im Tagesablauf. Ich staune immer noch, dass ich ein- und ausatme, so sehr erscheint mir dieser Moment außerhalb jeder menschlichen Dimension. Die Nacht auf dem Meer ist der reinste Moment, den man sich denken kann, lange Stunden, in denen man nur mit sich, seinen Fragen und Zweifeln konfrontiert ist. Eine Hintertreppe gibt es nicht. Wahrscheinlich muss das auch so sein, um wirklich Bilanz ziehen zu können. Insgeheim verspüre ich eine gewisse Aufregung, ein Gefühl der Wärme tief in mir, wenn ich wieder ins Halbdunkel gerate, wie ein Jäger auf der Suche nach seiner Beute. Ich mag die verborgene, verstohlene Seite der Nacht. Diese notgedrungene Schlichtheit, diese Rückkehr zum Nichts, bevor man ganz kribbelig wird, weil man bald schon wieder die Morgenröte erspäht. Kein einziger Lichtfleck mehr, bei dem man Zuflucht suchen könnte. Zwölf Stunden lang ist man ohne Netz, vom Rest der Welt abgeschnitten und vergessen. Die Angst nimmt zu gegen Tagesende, weil die Nacht mit so vielen Unwägbarkeiten verbunden ist. Nur wenige kennen die absolute Dunkelheit, die Stunden ohne Mond- und Sternenlicht, in denen man sogar den eigenen Körper vergisst, weil alles weg ist. Wer an Gespenster glaubt, ist hier bestimmt nicht gut aufgehoben ... Quälende Fragen kommen hoch. Und wenn sie vergäßen, das Licht wieder anzuknipsen? Wenn die Dunkelheit meinen Kosmos für immer verschlingen würde? Mein Atem geht schneller. Ich blicke auf meine Füße, sie sind noch da. Alles andere hat anscheinend das Weite gesucht und mich zurückgelassen, und ich muss die unförmige Masse der Nacht ganz allein absuchen, um eine Kollision zu vermeiden. Auf dem Meer geht es immer vorwärts, egal, wie spät es ist, ob du müde bist oder Schmerzen hast: Du musst weiter, musst mit jedem Wetterumschwung fertig werden und rechtzeitig die richtigen Manöver in die Wege leiten ... Und immer lächeln, sonst schaffst du es garantiert nicht bis ans Ziel. Ich ziehe mich ganz warm an, verdrücke schnell noch ein Fertiggericht (von denen, wie du es auch anstellst, immer die übrig bleiben, die du nicht ausstehen kannst; in meinem Fall war es Stockfisch in Tomatensoße, den es noch zwei Monate lang täglich, und zwar auch zum Frühstück geben sollte!), ziehe noch ein zweites und drittes Paar Strümpfe an, schlüpfe in meine feuchten Stiefel und mache mich draußen am Boot fest.

Die Nacht verspricht lang zu werden. Mein Radar hat heute mehrfach angeschlagen, es könnte gut sein, dass uns die eine oder andere Begegnung bevorsteht. Ich richte mir ein gemütliches Nest in einer Ecke des Cockpits ein, wo es leider nie trocken ist, weil die Wellen immer an Bord schwappen. Aber ich finde dort etwas Schutz vor dem eisigen Südwind. Zeitweise lege ich mich auch direkt unter das Ruder, wie ein Hund, der sich neben sein Herrchen legt. Ein Ohr ist immer gespitzt, beim geringsten Anzeichen springe ich auf. Ich rolle mich zusammen, damit mir wärmer wird, stecke die Hände in meinen Kragen und ziehe die Schultern hoch, um die beißende Kälte und die Feuchtigkeit zu vergessen. Die Stunden vergehen. Mein Kopf sackt vornüber, ein paar Minuten lang bin ich weg. Schlafen wird zur Obsession, aber jetzt ist nicht der passende Zeitpunkt. Ich fahre hoch und setze mich wieder aufrecht hin.

Am Horizont, 60 Grad vom Bug, nähert sich ein weißes Licht. Das Boot, das da auf mich zukommt, sieht eher aus wie ein in der Dunkelheit aufgehängter, geheimnisvoller Lampion. Sofort bin ich hellwach. »Alle Mann aufstehen, wir kriegen Besuch!« So oder ähnlich würde ich am liebsten rufen, aber das erübrigt sich wohl ... Solche Begegnungen sind definitiv nicht mein Fall. In Windeseile schalte ich das Positionslicht am Masttop an. Dieses Licht war meine größte Sorge, als ich meinen Mast verloren hatte, denn ohne war ich als Geisterschiff unterwegs. Und ohne Licht auf eine Seefahrtsstraße zuzusteuern ist, als führe man nachts ohne Scheinwerfer auf der Autobahn. Ich hole mein Fernglas hervor. Auf uns kommt ein echter Weihnachtsbaum zu. Eine Girlande aus weißen, grünen und roten Lichtern in unterschiedlicher Höhe, die alle ihre Bedeutung haben und unter anderem anzeigen, in welche Richtung das Schiff steuert. Ein rotes Licht im Sucher: die Backbordseite des ungebetenen Gastes, er wird also an uns vorbeiziehen. Jetzt ist keine Zeit mehr zu verlieren. Ich zwinge mich, ein paar Minuten lang wegzugucken, um festzustellen, wie schnell er ist. Bei meiner Nordatlantiküberquerung hätte mich ein spanisches Fischerboot ein paar Seemeilen vor der Ankunft um ein Haar zweigeteilt. Ich wollte schon ins Wasser springen, um mich in Sicherheit zu bringen, als der Steuermann im allerletzten Moment mein Nebelhorn hörte und mir auswich. Danach war ich völlig am Ende. Noch heute sehe ich, wie die Scheinwerfer auf mich gerichtet waren wie auf eine zum Tode Verurteilte kurz vor der Exekution. Keine sehr schöne Erinnerung.

Was sich da jetzt auf mein Segelboot zubewegt, sieht eher aus wie ein Containerschiff, einer dieser Meerespanzer, bei denen man besser den gebührenden Abstand wahrt. Problemlos fahren wir aneinander vorbei, ich glaube nicht, dass er mich gesehen hat. Ich lasse ihn nicht aus den Augen, bis er in der Dunkelheit ganz zusammengeschmolzen ist, ein Stückchen Butter im Schokoladentopf, das sich die Nacht auf seinem Weg zurück in die Zivilisation einverleibt. Es ist ein kleiner Ausschnitt Festland, eine Art Lebensextrakt, der da zu uns vorgedrungen war, als wollte er uns daran erinnern, dass man weiter vorn auf uns wartet. Er wird es in rund zwei Wochen geschafft haben, ich dagegen brauche noch Monate. Als auch das überstanden ist, fällt mich schlagartig meine ganze Müdigkeit wieder an und rächt sich schnöde dafür, dass sie vorübergehend nicht die erste Geige gespielt hat, sondern quasi nur zweite Besetzung gewesen ist. Eine Stunde noch, dann darf ich 20 Minuten schlafen. Der Wind weht heftiger, es ist noch kälter geworden, ich friere fest, mumifiziert am Ruder, für immer mit meinem stolzen Boot verbunden, das mich jeden Tag etwas weiter vom Alltag, vom Leben an Land, vom Treiben der Menschen wegführt. Ich weiß, dass ich nicht daran denken sollte, aber nachts ist die Einsamkeit schmerzlich, vor allem jetzt, da ich ein anderes Schiff gesehen habe. Jedes Mal habe ich das Gefühl, dass es vielleicht eine Gelegenheit ist, das letzte Mal, dass sich mir eine Hand entgegenstreckt, um mich zu retten, und ich sie nicht ergreife.

Ein paar fliegende Fische, die die Orientierung verloren haben und auf meiner Brücke landen, holen mich aus meiner Erstarrung. Es ist wohl schon der fünfte Überlebende, den ich ins Wasser zurückbefördere. Überrascht stellen sie fest, dass sie gebremst wurden, bevor die Wasserpfütze im Cockpit sie mir direkt vor die Füße spült. Dann herrscht wieder nichts als Leere, die Monotonie der Regentage. Vorn ruft das Segel nach mir. Auf allen vieren schleiche ich so vorsichtig über die Brücke wie eine Katze, damit das Wasser mich nicht mit sich reißt, und gebe keinen Mucks von mir, um ja keine bösen Geister zu wecken. Bei jeder Welle stellen sich mir die Haare auf. Jedes Geräusch wirkt lauter, das leiseste Knarzen klingt wie eine Säge in den Flanken der *L'Oréal*. Ich beiße die Zähne zusammen. Meine größte Angst ist, nachts zu kentern und niemanden zu haben, der mich wieder an Bord holt oder auch nur »Vorsicht« schreit. Jeden Moment bin ich darauf gefasst, dass sich der Boden unter mir auftut wie eine Falltür und mich verschlingt. Ein anonymer Tod in der allergrößten Gleichgültigkeit der Elemente. Einfach wegradiert, nichts als eine falsche Bewegung des Ozeans …

Dann macht die Nacht noch einen Schritt.
Vorhin noch lauschte alles.
Jetzt wagt kein Laut mehr, sich zu erheben;
Alles flieht, verschanzt sich und schweigt.

VICTOR HUGO

Der dunkle, mysteriöse Ozean hält meinem Blick stand. Die Nacht verleiht ihm etwas Guruartiges. Ich habe Lust, ihm ins Gesicht zu schreien, dass er mir keine Angst macht, aber mir fehlt die Kraft dazu. Die klebrige Bühne scheint all meinen Mut mit einem Mal aufgesogen zu haben. Heute Abend sitze ich in der Falle und muss die Maske endgültig fallen lassen. Ich liege auf seiner Couch, und er begutachtet mich wie ein Analytiker. Ich versuche, mich zu verdrücken, indem ich das Ruder herumreiße, aber es gibt keinen Ort, an den ich mich flüchten könnte. Völlig entblößt stehe ich da und werde bei lebendigem Leib seziert wie ein Versuchskaninchen. Der Scanner tastet mich systematisch ab, der Arzt beherrscht sein Metier, ist geduldig, entschlossen und gründlich. Seine erfahrenen Hände haben mich fest im Griff, ich kann mich ihnen nicht entwinden. Als ich es nicht länger aushalte, biete ich dem gottgleichen Wesen schließlich meine Seele dar und gestatte ihm, sich in sie zu vertiefen. Seit meiner Begegnung mit dem Meer ist dieser geheime Ritus wirksam. Ich habe mich der Kontinentalanziehung entzogen und mich ihm ausgeliefert. Jetzt drehen sich die Rollen um, ich flehe ihn an, nicht kehrtzumachen und meine Hand nicht loszulassen. Wir tun uns zusammen, eine Ehe gilt schließlich immer für gute wie für schlechte Zeiten, nicht wahr? Es geht nur gemeinsam, oder aber es ist aus und vorbei.

Der Wind aus dem himmlischen Gefilde
Lässt das dunkelmatt schimmernde Muster der Nacht
In den Wellen erzittern, auf denen
Glänzend der goldene Flor klarer Nächte liegt.
VICTOR HUGO

Auf dem Meer gehöre ich einem freien, grenzenlosen Land an, in dem die Gesetze der Menschen ohne Bedeutung sind, ein Land außerhalb der Zeit. Es erscheint mir so ideal, dass es ist, als könne nichts darin zu Tode kommen. Ein perfektes Gemälde, dem man nichts hinzufügen darf. Zwar ist der Ozean nicht leicht zu zähmen, aber er vermittelt mir eine Vorstellung davon, was Unendlichkeit und Heiterkeit bedeuten, Meditation und Besinnung. Alles hier ist Abstraktion von Dauer. Das Himmelszelt ähnelt auch diese Nacht wieder einer Glocke, die die Vergänglichkeit der Zeit unmöglich macht. Es hilft nichts, den Rhythmus zu beschleunigen, meine Uhr steht auf halbmast. Ist das vielleicht die Freiheit? Sich frei machen von der Zeit, sie ablegen wie einen Mantel, den du ausziehst, wenn du nach Hause kommst. Mit dir und der Natur so im Einklang sein, dass du vergisst, wie die Zeit vergeht. Vielleicht vergeht sie uns zuliebe ja auch langsamer? Vermutlich ist auch das ein Grund, weswegen ich mich auf den Weg mache, um eben diesen Bruch zu erleben. Die Macht der Zeit, die artifizielle Macht der Mode oder unserer Konsumgewohnheiten – für mich haben sie kaum noch Bedeutung. Ich habe alles abgeworfen, um die Gewohnheiten loszuwerden, die uns anhaften, wie Erde an den Stiefeln des Feldarbeiters haftet. Ja, ich wollte weg, bevor ich so von ihnen durchdrungen gewesen wäre, dass ich mich nicht mehr hätte rühren können, so wie der Regen das Getriebe eines Motors rosten lässt und lahmlegt und ihn anschließend nichts mehr zum Laufen bringt.

Das Licht der Sterne geht sanft nieder wie ein Schauer. Nachdem der Maler von den schreienden Farben ausufernd Gebrauch gemacht hat, ist er zur Tusche übergegangen und verleiht seinem Gemälde damit etwas Mysteriöses und Tiefes. Ich lege meinen Kopf in den Nacken und rutsche vor ins Cockpit, wo mich der glitzernde, schwarze Schleier umfängt. Die kleinen Lichter dringen tief in mich ein und berühren mein verborgenes Inneres. Über mir gehen Tausende Lichter nacheinander an, Tausende Sterne, angehalten im Weltall, erstarrt im kalten Wind der Südmeere. Nach und nach er-

strahlt der Himmel wie ein Haus, dessen Bewohner endlich zurück-
gekehrt sind. Das Licht der Milchstraße ist eine Brücke, die sich über
den Himmel spannt und das Meer ganz selbstverständlich mit dem
Firmament verbindet. Die Nacht flackert lebendig im Rhythmus der
sanft strahlenden Lichter. In der Fahrrinne der *L'Oréal* glitzert ein
Strom von Rohdiamanten. Das phosphoreszierende Plankton, dieses Wunder der Natur, gesellt sich zu den funkelnden Sternen. Wir
hinterlassen eine silbrige Spur, wie Feenhaar. Anderthalb Jahre lang
habe ich hart gearbeitet, um diese Minute, was sage ich, Sekunde zu
erleben, und es war die Mühe wert. Ein begnadeter Moment, so zart
und vergänglich wie eine Seifenblase. Für manche Minuten lohnt
sich ein ganzes Dasein. Versonnen und aufmerksam sitze ich da, mit
dem strahlend schönen Himmel als einzigem Schutz über mir, und
lausche der Nacht, dem Hauch des riesigen Schattens, der gerade
innerhalb weniger Sekunden alle Farben der Sonne geschluckt hat
wie ein schwarzes Loch. Wie gern würde ich dieses Himmelsge-
mälde ganz begreifen. Zumal wenn man bedenkt, dass die Sterne vor
Jahrmillionen verloschen sind und noch immer funkeln. Die *L'Oréal*
und ich sind ganz benommen vor Glück und geben uns den ausgelassen hüpfenden und tanzenden Himmelskörpern hin, nachdem
wir von dem eben untergegangenen, glühenden Sonnenball unseren
Gutenacht-Kuss bekommen haben – den einzigen.

Dies ist die Stunde, da jede Kreatur
Am Firmament, in der
Großen, unbestimmten Weite,
Das große mysteriöse Wesen deutlich spürt.

VICTOR HUGO

Die Nacht zieht sich, trödelt vor sich hin, die Stunden reihen sich
nur träge aneinander. Wie alle Seeleute warte ich auf das Morgen-

grauen, das Ende vom Zyklus, auf den ersten Sonnenstrahl, der diesen Rückzug wieder beendet. Je länger es dauert, desto mörderischer ist die Müdigkeit. Die Kälte beißt sich fest, an meinem Hals, meinen Eingeweiden, meinen Händen. Der Muskelkater macht sich schon bemerkbar. Es müsste kein 4-Sterne-Hotel sein, aber ein einfaches Federbett, unter dem ich abtauchen könnte, um einen Moment lang die endlose Nacht zu vergessen. Ich stelle mir den Teil der Erde vor, an dem es schon Tag ist; das hilft mir durchzuhalten und zu hoffen. Es ist nur noch eine Frage der Zeit, alles andere ist Organisation. Und trotzdem kommen manchmal Zweifel auf, ob es wohl jemals wieder warm werden wird. Ich hole meinen Wecker hervor: bald fünf Uhr. Es kann nicht mehr lange dauern. Nach rund acht Stunden zeigt sich vor meinen geröteten Augen das erste schwache Licht. Mit Tagesanbruch ist die *L'Oréal* wie neu geboren. Der Sonnenaufgang hat immer etwas Fantastisches, Heiliges, Weihevolles. Zuerst ist es das matte Licht einer Nachtlampe, die uns das Herz erwärmt. Dann wird der Schalter umgelegt und ein neuer Kunsttempel eingeweiht. Das Licht strahlt siegessicher, der Vorhang hebt sich. Ich verspüre eine enorme Erleichterung. Endlich ein neuer Tag! Im Osten hüllen sich die Wolken wie Sprosse der Morgendämmerung sanft in Pastelltöne, der Himmel ist durchtränkt mit verwaschenem Lila und Blassviolett, binnen weniger Minuten wird die schönste Kinderzimmerkulisse entworfen. Das Meer ist noch stürmisch und doch besänftigt durch das, was da neu entsteht. Artig lässt es sich mit rosafarbenen und blauen Seerosen bedecken, mit weißem Enzian und Mandelblüten. Der Himmel ist eine einzige Lichterschau. Der Tag gewinnt an Raum, der allmächtige Ozean wirkt stolz auf sich, und ich bin immer noch da.

8   Ökologie

oder 360 Mio km² Ozean, die es zu schützen gilt

Lebe einfach, damit andere einfach leben können.

MAHATMA GANDHI

Trifft ein Planet aus einer anderen Galaxie die Erde und sagt: »Du siehst ja ziemlich mitgenommen aus, was fehlt dir denn?«

»Ich hab' mir Homo sapiens eingefangen«, sagt die Erde leidend.

»Ach, mach dir keine Sorgen, das geht schnell vorbei!«

Fast ein halbes Jahr mit den Naturgewalten konfrontiert, ganz allein, das wirkt wie ein Elektroschock, ein Stich ins Herz. Die Vorstellung, dass seit Jahrtausenden nur die eisigen Winde die endlos weiten Wasser kräuseln, lässt mir den Atem stocken. Die majestätischen Südmeere sind bislang vom Menschen und seinem Hang zur Vereinnahmung verschont geblieben und zeigen sich nur den dort lebenden Albatrossen. Gleichgültig lassen sie niemanden. Die glänzende Fassade der Zivilisation bedeutet hier nichts. Du wirst ohne Umschweife empfangen, ohne Prunk und Protokoll. Dich groß in Szene zu setzen ist zwecklos, niemand würde dir zusehen. Umgekehrt habe ich jedoch das Gefühl, das raue Meer beinahe physisch zu brauchen. Ob du es glaubst oder nicht: Wenn dir die Augen schier überlaufen bei so viel Schönheit, einem solchen Licht und solchen Farben, möchtest du sie für immer schließen und den Genuss ewig in dir tragen.

Ökologie: vom griechischen oikos, *»Haus«, und* lógos, *»Wissen, Wissenschaft«. Ökologie ist die Wissenschaft von den Wechselbeziehungen zwischen den Lebewesen und ihrer Umwelt oder der Natur im Allge-*

meinen. Die Ökologie wurde 1866 von dem deutschen Biologen Ernst Haeckel definiert als die »gesamte Wissenschaft von den Beziehungen des Organismus zur umgebenden Außenwelt, wohin wir im weiteren Sinne alle ›Existenz-Bedingungen‹ rechnen können.«

Auf dem Meer glaubt man sich allein auf der Welt, wie eine Saat des Lebens, die der Wind hinübergeweht hat. Aber das ist ein Irrtum. Im Ozean wimmelt es nur so vor Leben. Mein ökologisches Engagement beschränkt sich nicht aufs »Delfine-Schützen« (natürlich macht es mir große Freude, wenn sie in meiner Nähe sind und ich den Kindern von ihnen erzählen kann, die mir an den Lippen hängen). Mir geht es vielmehr um die Schönheit (und dazu gehören auch die Wale), das Gleichgewicht, unsere Gesundheit und unser Leben, mit einem Wort: um uns. Ein Buch hat mich besonders geprägt: *Die rote Pest* von Jack London. Er schrieb es vor dem Ersten Weltkrieg, praktisch als sein Vermächtnis. Darin stellt er die so einfache wie zukunftsweisende Frage, ob es erst zu einer neuen Katastrophe kommen muss, bevor die Weichen neu gestellt werden. Sollte es uns nach unserem Höhenflug ganz plötzlich wieder in die Steinzeit verschlagen? Das will wohl niemand.

Seit über dreieinhalb Milliarden Jahren gibt es Leben auf der Erde. Siedelt man diesen Zeitpunkt gestern an, gibt es den Menschen erst seit Bruchteilen von Sekunden, was einen ganz schön ins Grübeln bringen kann ... Leben, atmen können ist für mich ein Wunder, das Ergebnis einer fast surrealistischen Alchimie, die mich jeden Tag aufs Neue begeistert. Wie könnte ich also einfach nur dahocken und nichts tun? Die Macht haben die, die konsumieren, also wir! »Man muss es nur stehen lassen, damit es sich nicht verkauft!«, so hat es der französische Komiker Coluche formuliert. Wenn wir uns das in aller Konsequenz klarmachen, ist vieles möglich, und wir können, davon bin ich überzeugt, den Fortschritt sinnvoll gestalten.

Unter dem friedlichen Himmel spielt sich ein stilles Drama ab. Hier, in der wilden, unberührten, grenzenlosen Welt werden wir wieder zu dem, was wir eigentlich sind – nichts Weltbewegendes, nur eine Ansammlung von Atomen, genauso vergänglich wie eine Schabe oder ein Champignon. Das Meer lässt dich nicht zu Wort kommen, du brauchst gar nicht die Stimme zu erheben, es hört ohnehin nicht zu. Deine Anwesenheit wird nur vorübergehend geduldet. Sachte, aber unbeirrbar erinnert uns die Natur daran, dass wir nicht der Mittelpunkt der Welt sind und dass die Zeiten, in denen wir ihr unsere Gesetze aufzwingen wollten, vorbei sind. Während wir alles auf Teufel komm raus verschandeln, begradigen und an die Kandare nehmen, Riesenbäume zu Winzlingen machen oder umgekehrt Pflanzen gegen die Gesetze ihrer Art so züchten, dass sie in den Himmel wachsen, lässt sich die Natur hier auf dem Ozean nicht vom Menschen beherrschen. Was du dir vorstellst, ist nicht weiter wichtig; sei also still.

Vielleicht aber beruht ja alles auch nur auf einem Missverständnis, einem verhängnisvollen Irrtum des Menschen, der – die Brieftasche in der Hand – auf der Suche nach der Abteilung »Glück« ist. Sind wir, ohne es zu merken, zu Sklaven der »Konsumwelt« geworden? Gehöre auch ich einer Gesellschaft an, die sich durch überladene Einkaufswagen hervortut? Lässt sich Glück quasi fabrikmäßig herstellen? Ich suche das Firmament ab und hefte meine Augen auf die Albatrosse, die mein Boot umkreisen. Nein, das ist undenkbar. Denn wenn dem so wäre, gäbe es euch nicht, meine Meeresfreunde mit den weiten Flügeln. Und wenn sie, wunderbare Begleiter der Seeleute, aussterben müssten, weil man ihnen mit Senknetzen und Köderfischfang, mit Umweltverschmutzung und einer schrumpfenden Nahrungskette zu Leibe rückt, oder wenn ganz einfach die Klimaerwärmung ihre Gewohnheiten auf den Kopf stellt? Trage ich eine Mitschuld an der notorischen Gleichgültigkeit? Unser Planet wird oft mit einem sinkenden Schiff verglichen. Gibt es Rettungsinseln für die Tapfersten unter uns? Von Stürmen habe ich die Nase jedenfalls gestrichen voll. Höchste Zeit zu handeln!

Was für ein Glück ich habe, ist mir bewusst: Ich lebte fast immer mitten in der Natur, und heute kann ich es mir erlauben, mich monatelang von allen Verpflichtungen loszusagen, um mir ein Bild vom Zustand unseres Planeten zu machen. Ich bin privilegiert. Aber ob man das Meer jetzt vom Haupt- oder vom Oberdeck aus betrachtet: Wir sitzen alle im selben Boot. Die Klimaerwärmung, die auf den Treibhauseffekt zurückgeht, betrifft den gesamten Planeten. »Faites vites, ça chauffe« (in etwa: »Uns allen gehört jetzt eingeheizt«): Dieser Slogan einer offiziellen Kampagne in Frankreich drückt aus, dass wir unsere Gewohnheiten wohl oder übel ändern müssen. Temperaturanstieg – ja und? Das Leben auf der Erde ist so etwas wie ein Gesamtkunstwerk, ein perfekt ausgetüftelter Mechanismus, dem schon ein Grad Unterschied eine Menge anhaben kann. Ein Beispiel: Wer weiß schon, dass die Meere, wie die Wälder auch, Kohlenstoff binden? Sie tragen mit dazu bei, unsere Luft rein zu halten. Durch die Erwärmung der Wassertemperatur nimmt ihre Speicherkapazität ab. Schlimmer noch, es fehlen nur noch wenige Grad, bis sich das Phänomen in sein Gegenteil verkehrt. Die Natur meldet sich zu Wort, aber wir hören ihr nicht zu.

Was konnte ich, nachdem ich mehr Lebenszeit auf dem Wasser als auf dem Land verbracht habe, von meiner Warte aus beobachten? Immer größere Eisberge, die von der Antarktis abfallen und in wärmeren Gewässern Richtung Südlicher Wendekreis langsam dahinschwinden. In der Arktis ist die Situation alarmierend: Der Eiswürfelspender der nördlichen Hemisphäre hat seine Ausgabegeschwindigkeit mittlerweile verdoppelt. Oder, anders gesagt: Durch die Klimaerwärmung schmelzen Teile unserer wertvollsten Trinkwasserreserven. Zwar kommen unsere Ozeane auf eine Gesamt-oberfläche von über 360 Millionen Quadratkilometern, doch Trink-wasser, das Leben auf der Erde erst ermöglicht, ist ein rares Gut. Das wird schon bald bei allen wirtschaftlichen Fragen eine entschei-dende Rolle spielen. Unsere Süßwasserreserven schrumpfen zu-sammen. Über 1,3 Milliarden Menschen haben keinen Zugang zu Trinkwasser. Wahrscheinlich ist unsere Hauptsorge die, dass wir unseren Durst löschen. Wenn wir die Versorgung mit sauberem Wasser bei der Gestaltung unserer Zukunft nicht berücksichtigen, führen wir eines Tages gegeneinander Krieg, um an Trinkwasser zu kommen, das lediglich sieben Tausendstel der gesamten Wasser-menge auf der Erde ausmacht. Was aber tun wir heute angesichts solcher Zukunftsaussichten? Wir stehen erstaunt vor unseren auf-gedrehten Wasserhähnen und lassen die Badewannen volllaufen. Die aufgrund der globalen Erwärmung abschmelzenden Polkappen bewirken auch, dass das schrumpfende Packeis nicht mehr in dem Maße wie bisher die Sonnenstrahlen reflektieren kann, was die Erd-erwärmung befördert. Die eisfreien Wasserflächen absorbieren die Sonnenstrahlen, was das Abschmelzen des Packeises beschleunigt. Aus dem Teufelskreis resultiert ein Anstieg des Meeresspiegels. Rund 1,2 Milliarden Menschen leben in einer Entfernung von weni-ger als 30 Kilometern zur Küste. Es ist also nicht nur so, dass wir alle aus dem Meer kommen; wir könnten auch schneller wieder dorthin zurückkehren, als uns lieb ist. Wer sich auf dem Meer zu Hause fühlt, ist da leicht im Vorteil ...

Selbst ein geringer Temperaturanstieg führt zu auffälligen Kli-maveränderungen. Die Wetterextreme häufen sich. Im Meer wie an Land nehmen Stürme, Zyklone, Taifune und Tornados an Intensität und Häufigkeit zu. Wird der Tag kommen, an dem man nicht mehr ohne Weiteres das Meer befährt, aus Angst, dort in einen solchen Sturm zu geraten? Fest steht, dass es im Indischen Ozean noch nie so viele Zyklone ab wie in dem Jahr, als ich dort segelte. Das Durchzugsgebiet der Tropenstürme Humba und Gamedes war nicht weit von mir entfernt, ich hatte Glück. Wir müssten eine Reduzierung der Abgase erreichen, die den Treibhauseffekt bewirken. Die fossilen Energien (Kohle, Erdöl, Erdgas) haben wir übermäßig ausgebeutet. Sie erneuern sich nicht so schnell, wie wir es gern hätten, und verschmutzen darüber hinaus die Umwelt. Wir werden also umsteigen müssen. Energie muss auf andere Weise erzeugt, die Nutzung erneuerbarer Energien (Wind, Sonne, Erdwärme …) muss vorangetrieben werden. Dass das nicht so einfach ist, ist mir bewusst. Dabei kommt mir in den Sinn, was mein Vater Marc vor mittlerweile über 15 Jahren sagte: Sobald der Benzinpreis über einem Dollar läge (was schon lange der Fall ist), wollte er nur noch Fahrrad fahren! Inzwischen ist er auf ein Auto angewiesen.

Und ich stehe hier am Ruder, in dem naiven Glauben, das sei alles weit weg von mir. Irrtum! Bedrückt sehe ich, dass das Meer zugemüllt ist und den ganzen Dreck tonnenweise wieder ausspuckt. Ich schäme mich und balle zugleich vor Wut die Fäuste. Wirklich gefährlich aber ist nicht die Plastiktüte oder das Stück Styropor, das ich unterwegs herausfische. Die schlimmste Verschmutzung verursachen Industrie-, Agrar- und Haushaltsabfälle, die über unsere Flüsse ins Meer gelangen. Das Meer ist krank und dabei zu ersticken … So wie ich, als ich beschloss, zu ihm zurückzukehren. Wohin aber soll das Meer sich flüchten? Kohlenwasserstoffe sind nur der sichtbare Teil, die Spitze des Eisbergs gewissermaßen. Das Meer kann die Mengen, mit denen wir es belasten, nicht mehr verkraften. Die Folgen bleiben nicht aus. Wir erleben, wie Delfine, Wale, Seehunde, Eisbären und andere Tiere verenden. Und wir führen uns die Gifte selbst wieder zu. Je weiter die Nahrungskette reicht, desto höher ist die Konzentration an giftigen Substanzen, die sich heimlich in den Organen und in allen lebenden Organismen unseres

Planeten ablagern. Die toxischen Moleküle reichern sich hartnäckig in Fettzellen, in Milch oder im Panzer von Insekten an. Was also ein richtiges Raubtier ist, wird folglich größere Mengen an Gift aufnehmen als etwa Plankton. Und wer steht an der Spitze dieser Pyramide? Der Mensch mit seiner Portion Sushi!

Zwar bin ich eher mit der Oberfläche des Meeres vertraut, die wie ein verschämter Schleier das Geheimnis hütet, aber den Meeresgrund liebe ich genauso. Gott weiß, wie viel Schönheit diese Höhle in sich birgt, wie viele Fresken sich dort finden, wie viel Leben jeder Art. Wenn du in den herrlichen Lagunen im hintersten Winkel der Erde tauchst, kommt es dir vor, als würde das schamhafte Meer dir seine Schätze offenbaren. Die schönsten Stücke sind die leuchtenden Korallen, die wie auf einer Schatulle ausgebreitet im Sand liegen. Myriaden bunt schillernder Fische tanzen hypnotisierend vor deiner Taucherbrille, Unterwasserpflanzen und -blumen bewegen sich in der Strömung wie zu einem Walzer. Auf ein magisches Zeichen hin überzieht die Sonne das Schauspiel mit Glitzersternen. Wie sollte jemand, der bei dem Anblick betört ist von der Heiterkeit des Augenblicks, nicht innerlich aufbegehren, wenn er weiß, dass die unendlich schönen Korallen durch die Verschmutzung der Meere ersticken, ausbleichen und dass kilometerlange Riffe absterben? Was werden wir unseren Kindern sagen, den künftigen Generationen, die durch unser Verschulden so etwas vielleicht nicht mehr zu Gesicht bekommen?

Die Ozeane halten uns mit unseren Konsumgewohnheiten und der Umweltverschmutzung den Spiegel vor. Wir müssen uns klarmachen, dass alle Lebewesen der Erde in Wechselwirkung zueinander stehen und es sich mit ihnen verhält wie mit einem Zaubertrank, der seine Wirkung verliert, wenn nur ein Bestandteil fehlt. Erfüllen wir unsere Rolle nicht, kann das ganze System ins Wanken geraten und zusammenbrechen, indirekt, wie beim Dominoeffekt, oder durch mangelndes Gleichgewicht, wie bei einem Kartenhaus. Die Ozeane spielen eine wichtige Rolle als thermostatische Laufbänder, die warme und kalte Wassermassen befördern und unser Klima regulieren. Dabei führen sie Nährstoffe mit sich und transportieren Plankton aus nährstoffreichen in nährstoffarme Gebiete. Mit anderen Worten: Wenn du auf der kleinen Insel Maria Theresia strandest, wie Kapitän Grant im Roman von Jules Verne, kalkuliere ein, dass deine Flaschenpost endlos weit weg von dir gefunden wird, in dem Fall im Atlantik. Also leserlich schreiben, denn die Chancen stehen nicht schlecht! In diesem Prinzip kommunizierender Röhren, einem eigentlich wunderbar natürlichen Gleichgewicht, macht sich die von der westlichen Welt verursachte Verschmutzung selbst in der Antarktis oder auf der paradiesischsten Insel im entlegenen Pazifik bemerkbar. Und ebenso sorgt der Wasserkreislauf, die erstaunliche Dampfmaschine, dafür, dass die Gifte weitertransportiert werden. Das Meer ist zwar großmütig, aber alles kommt zu ihm zurück. Das Ausmaß der Schäden ist enorm.

Was die Artenvielfalt angeht, habe ich zugegebenermaßen nur die beschränkte Sicht auf die Oberfläche. Fest steht aber, dass der Beton, der sich über unsere Küsten ergießt, die Uferlandschaften definitiv verändert und das Verschwinden Tausender bekannter oder unbekannter Arten mit sich bringt. Bevor es den Menschen gab, starben pro Jahr zehn Arten aus. Inzwischen sind wir bei über 100 000 pro Jahr angelangt. Die Ozeane bedecken sieben Zehntel der Erdoberfläche und fallen ihrer Größe zum Opfer. Dabei ist die Erde rund (davon habe ich mich überzeugt), wir leben in einer endlichen Welt. Die Natur versorgt uns mit allem, ist aber mittlerweile von unserem Rhythmus überfordert. Wir missbrauchen die Meere als Verkaufsauslagen unserer Welt der Überproduktion. Innerhalb von 50 Jahren hat sich die Biomasse der Ozeane, der Fischbestand also, auf ein Zehntel seiner ursprünglichen Menge verringert. Wer beispielsweise *Kon-Tiki* von Thor Heyerdahl gelesen hat, das 1949 veröffentlicht wurde, und ein halbes Jahrhundert später in das Gebiet kommt, wie ich bei meiner Pazifiküberquerung im Ruderboot, stellt fest, dass es längst nicht mehr so viele Meeresbewohner gibt. Die Ozeane leeren sich. Die Natur ist nicht unerschöpflich, das müssen wir endlich begreifen! Die Ozeane können noch so riesig sein, die Flüsse und Ströme mögen sich über Tausende von Kilometern erstrecken, aber es gibt eine Grenze. In der Fischerei kommen heute gigantische Gerätschaften zum Einsatz, die Schiffe werden immer größer, die kilometerlangen Netze immer strapazierfähiger; die Natur kann nicht mehr mithalten. Die Umweltverschmutzung greift das Immunsystem der Arten an, die durch Pestizide geschwächt werden. Die Fakten sind bekannt – was können wir tun? Eines der Grundprinzipien meiner Eltern bei der Erziehung war Eigenverantwortung. Verantwortung übernehmen für das, was man tut, und dementsprechend handeln. Schließlich erzeugt die Nachfrage das entsprechende Angebot. Wir müssen es also selbst in die Hand nehmen. Ich glaube, dass die Lösung etwas mit »gesundem Menschenverstand« zu tun hat. Das A und O ist unser Verhalten. Bei den Kleinen Abenteurern, den Kindern, die meine Vorhaben eifrig verfolgen, ist mir sehr wichtig, dass sie umweltbewusstes Verhalten trainieren, denn das ist leichter, als sich als Erwachsener umgewöhnen zu müssen.

Tief in mir habe ich immer gespürt, dass meine Wurzeln im Meer liegen. Das versuche ich ihnen zu erklären. Das Wasser mag stumm, zurückhaltend und mysteriös sein, aber es ist die ursprünglichste Quelle des Lebens, das Muster, nach dem die Welt erschaffen wurde, der Ort, über den alle Informationen das Leben betreffend vermittelt wurden. Es war schon lange vor uns da, seine Sedimente geben Auskunft über unsere Geschichte. Der Mensch besteht selbst zu über 70 Prozent aus Wasser. Ohne Wasser wäre er nur ein Häuflein Staub und Knochen. Wer hat nicht beim Baden schon die Umarmung des Meeres gespürt, seine sanfte und beruhigende Kraft? Es ist, als habe man es nie verlassen, eine Wundersalbe für Seele und Körper.

Es ist dein Spiegel, das Meer. In seinen Wellen Mauer,
die hoch sich türmt, wogt deiner Seele Schauer.
CHARLES BAUDELAIRE, DER MENSCH UND DAS MEER

Wirkt sich die Abkehr des Menschen von der Natur und von seinen Ursprüngen, dem Ozean, aus dem er hervorgegangen ist, wie eine zu frühe Abnabelung aus? Die Wunde heilt nicht, im Gegenteil. Als Erstes gilt es nun, die Blutung zu stoppen. Es ist, als würde man den Schwertkasten volllaufen lassen. Der Mensch hat vergessen, dass er selbst einmal ein Tier war, er verleugnet seine Verwandtschaft, hungert sie aus, zerstört ihren Lebensraum. Woher kommt unser Hunger nach immer mehr? Es ist das Prinzip des Marketings: neue Frustrationen schaffen, Leere erzeugen, dann *die* Lösung anbieten und uns davon überzeugen, dass etwas, woran wir noch nie gedacht haben, unverzichtbar ist für unser Glück. Ständig werden neue Bedürfnisse erzeugt, die bald schon zur Droge werden, von der man nicht mehr loskommt. Wir wollen alles besitzen und werden immer gieriger. Wir sind Riesen auf der Jagd nach Schmetterlingen oder, anders gesagt, der Tsunami für unseren Planeten. Und irgendwann stellen wir fest, dass wir beim Streichen des Fußbodens im Esszimmer in einer Ecke des Raums mit dem Rücken zur Wand stehen. Öffnen wir die Augen und blicken wir um uns! Immer wieder habe ich das Bild vom Schiff in stürmischer See vor Augen. Wo ist der Kapitän? Wer schaut nach vorn? Der kleine Däumling lässt auf dem Weg kleine Kieselsteine fallen, um wieder zurückzufinden. Haben wir auch an so etwas gedacht? Haben wir eine Ahnung, wohin es gehen soll? Derzeit sieht es für mich so aus, als würden wir auf einem Eisberg Feuer anzünden, und beim Gedanken daran, wie das enden soll, wird mir leicht schummrig. Denn der Eisberg unter unseren Füßen schmilzt zusammen.

Ich muss oft an die Ameisen denken. Sobald ein Teil ihres Baus gefährdet ist, tun sich alle zusammen und beheben den Schaden innerhalb kürzester Zeit. Das Ziel ist, das Gleichgewicht wiederherzustellen. »Zivilisiert sein« bedeutet meiner Meinung nach, dass man eine solche Dringlichkeit begreift und dass dafür zu kämpfen nicht heißt: erst mal die anderen machen lassen. Mit Jean-Jacques Rousseau glaube ich, dass der Mensch im Grunde gut ist und nur durch gesellschaftliche Einflüsse verdorben. Gegen den Strom – diese Botschaft habe ich bei meiner Weltumseglung zu vermitteln versucht: sich dem Sog der Überproduktion entziehen. Bereit zum Kurswechsel! Alle Mann an Bord, Schotten dicht und klar zur Wende. Ohne Anstrengungen wird es wohl nicht gehen, aber die Sache ist es wert!

Alles, was der Mensch an Gutem und Schönem hervorgebracht hat, ist aus seinen Träumen entstanden. Deshalb dürfen wir unseren Willen, die Dinge zu verändern, nicht in einer Schublade begraben. Wir müssen daran glauben. Krempeln wir die Ärmel hoch und versuchen wir, dem Leiden der Erde entgegenzuwirken. Stellenweise sieht sie vor lauter Trockenheit schon ganz leprös aus, anderswo haben ihr Überschwemmungen den Schutzmantel entrissen.

Als ich beschloss, die Leinen wieder loszumachen, wäre ich wie die Erde beinahe erstickt an den vielen Menschen, am aufdringlichen Treiben in den Städten, durch die alle möglichen Abgase und industriell erzeugten Stoffe wabern. Die Frage lautet: Sind wir auch künftig blind, taub oder stumm oder ganz einfach nur egoistisch? Sind wir, wie Yves Paccalet es in seinem 2006 veröffentlichten Buch

L'Humanité disparaîtra, bon débarras! (Die Menschheit wird verschwinden, die hätten wir vom Hals!) ausdrückt, ein »gerupftes Huhn, das von Bakterien abstammt und sich auch wieder dahin zurückentwickelt, nachdem es den Hühnerstall verwüstet hat«? Ich hoffe, er irrt sich. Ich glaube an den Menschen und an seine Fähigkeit, die Intelligenz in den Dienst des Fortschritts zu stellen. Ich glaube an so etwas wie Großzügigkeit, Ethik und den unerschütterlichen Überlebensinstinkt des Menschen. So wie ein Weg ohne Hindernisse bloße Utopie ist, glaube ich, dass es das Füllhorn nicht gibt. Anders als es vielleicht scheinen mag, wenn ich auf meine Weise vom Blauen Planeten und seinen Wundern erzähle, glaube ich nicht an Märchen. Ich glaube, dass man immer Hürden überwinden muss. Es stärkt dich, du musst dich in Frage stellen, wirst angespornt, deine Sache besser zu machen und vielleicht einen anderen Weg einzuschlagen. Ich glaube nicht, dass Komfort zwangsläufig auch Glück bedeutet, und aus Erfahrung weiß ich, dass der Umweg tausendmal lohnender ist als die öde Autobahn. Wir müssen uns heute klarmachen, dass das Wasser bald vielleicht schon nicht mehr einfach fließt, wenn wir den Hahn aufdrehen. Wir sind nicht im Schlaraffenland. Wenn wir unser Verhalten nicht ändern, ist der Tank bald leer. Wir sollten nicht erst dann über unser Konsumverhalten nachdenken, wenn uns der Mangel zu schaffen macht.

Auf dem Meer habe ich mich nie so isoliert gefühlt wie in der Stadt, mitten im Gewimmel und Getümmel einer Welt mit einem Herzen aus Beton. Wo man an Tausenden von Menschen vorbeigeht, ohne einem zu begegnen. Wie soll man in der dicken Luft zwischen den schroffen Mauern, bei der Aggressivität und dem Stress, noch einen Gedanken für unseren Planeten übrig haben? Der Horizont ist zu weit entfernt, als dass er uns locken würde. Im Schutz der Anonymität der großen Städte rasen und fliegen wir kreuz und quer durch die Welt, ohne aufzublicken. Mit abgetöteten Sinnen reihen wir bulimisch unsere Termine aneinander und laufen von Tür zu Tür, um unserem Gefängnis zu entkommen. Ich versuche jeden Tag, mich bei all dem Überflüssigen um mich herum nicht von mir selbst zu entfremden. Welche Anforderungen der Alltag an uns stellt, ist mir sehr wohl bewusst. Es geht nicht darum, den Gürtel enger zu schnallen oder wem auch immer die Schuld zu geben. Wir müssen auch nicht die Städte entvölkern und wieder in Höhlen leben. Wir sollten uns aber von einem manchmal inkonsequenten »System« weitestgehend unabhängig machen. Wir sollten das rechte Maß finden, nicht so verschwenderisch sein, »haben« nicht mit »sein« verwechseln, unsere Gewohnheiten umkrempeln. Müsste nicht Genügsamkeit, auf die ich mich bei meinen Abenteuern eingelassen habe, eher wieder zum Maßstab für unser Wohlbefinden werden? Sollten wir nicht ganz einfach wieder zur Vernunft kommen?

Überall auf der Welt werden Wälder zerstört, wird der Natur in unvorstellbarem Ausmaß Schaden zugefügt. Wir nehmen denen etwas weg, die ohnehin mittellos sind, und zerstören mit unseren barbarischen Methoden jede Aussicht auf eine Regeneration. Die Erde bleibt nackt zurück, der Regen schwemmt den Humus weg, der sich am Ende der Kettenreaktion in den Lagunen absetzt. Was bleibt den Völkern im Süden, wenn Bulldozer und Motorsägen wieder verschwunden sind? Wir bekommen es nicht einmal mit, weil wir nie mehr dorthin zurückkehren!

Irgendwann ein Kind zu haben war der seidene Faden, der mich etliche Male bei Sturm, wenn ich Todesängste ausstand, am Leben festhalten ließ. Ich will auch einen Menschen nähren, so wie die Erde uns nährt. »Ich will deine Lebenshülle sein, mein Kind, so wie es der Humus für unseren schönen Planeten ist. Ich will Wasser,

Erde, Himmel und Luft für dich sein. Das Erste, was ich dir hoffentlich vermitteln kann, ist, niemals den Preis einer Sache mit ihrem Wert zu verwechseln. Das Glück liegt überall und sehr oft in den kleinen, unscheinbaren Dingen. In Newtons Apfel, in den Schritten der Person, die wir lieben, in der Hand unserer Mutter, im pastellfarbenen Morgenlicht. Wir müssen wieder sehen lernen. Versprochen: Ich werde dir die Wunder zeigen, an denen sich unser Auge vermutlich aus lauter Gewohnheit schon sattgesehen hat.« Auf dem Meer geht es meiner Seele gut, mein Körper atmet, meine Adern öffnen sich, und ich spüre, wie das Leben schneller durch mich hindurchfließt. Wozu das gut ist? Zu gar nichts natürlich! Der praktische Nutzen, der materielle Wert spielen hier keine Rolle. Was du hier entdeckst, entdeckst du neu, so empfinde ich es: eine bestimmte Sensibilität, ein Schaudern, Schönheit. Ein Leben, das ganz schlicht und paradoxerweise doch so reich ist. Wie alte Bilder, bei denen man die oberste Schicht entfernen muss, damit die ursprünglichen Farben wieder zum Vorschein kommen. Das Meer geht vor wie ein Archäologe. Es trägt bei mir erst die gröberen, dann die feineren Schichten ab und pinselt zuletzt noch den Staub weg. Es hat einen langen Atem, und den braucht es auch bei diesem Werk ...

9 Kleine Abenteurer fragen nie nach dem Warum

oder Die Lektion des Meeres

Dass die Kräfte erschöpft sind, heißt keineswegs,
dass es der Wille auch wäre.

VICTOR HUGO

»NEIN! Ich werde die Kinder aus der École Guynemer *nicht* enttäuschen, genauso wenig wie all die anderen, die mein Abenteuer verfolgen und auf mich bauen. Ich mache weiter!«

Dieses Mal, lieber Leser, habe ich wirklich geglaubt, alles sei zu Ende. Wenn mir nichts, dir nichts ein 29-Meter-Mast neben dir aufschlägt, kann das den eigenen kleinen Kosmos ganz schön ins Wanken bringen. Das große Universum ist ärgerlich, sehr ärgerlich sogar. Um ein Haar wäre alles aus und vorbei gewesen. Mit einem Höllenlärm ist der Mast der *L'Oréal* innerhalb von Sekunden umgestürzt, wie ein Baum, in den der Blitz fällt. Die eine Böe war zu viel, der Henker der Südmeere hat zugeschlagen. Der Mast ist nur wenige Zentimeter an meinem Kopf vorbei heruntergekracht. Ich flüchte mich ins hinterste Eck des Cockpits. »Wenn er bloß nicht auch noch durch das Deck schlägt!« Ich bin totenblass. Eine der Salings hat sich in den Sitz des Steuermanns gebohrt, auf dem ich gerade noch saß. Es ist, als hätte man mir eines meiner Gliedmaßen abgetrennt. Völlig verstört taumele ich auf die Brücke. »Nein, so nicht. So kann es nicht zu Ende gehen.« Das Fass ist zum Überlaufen voll, ich breche mitten in dem Trümmerfeld zusammen und schreie meine Wut auf diese Ungerechtigkeit heraus. Heftig schluchzend versuche ich, meine Verzweiflung zu unterdrücken, die wie eine Klinge in meine Kehle schneidet.

Nie hätte ich auch nur eine Sekunde lang für möglich gehalten, dass so etwas passiert. Der Anblick ist surreal, unvorstellbar! Aber es ist wirklich wahr: Auf der Brücke sieht es aus wie nach einem Erdbeben, Teile vom Mast, Karbonsplitter, zerrissene Segel, Wanten, die sich quer über das Boot spannen und die Überreste an Bord halten. Der Wind bläst weiter, die *L'Oréal* ist ihrem Schicksal überlassen und driftet seitwärts Richtung Süden. Die Dunkelheit bricht herein wie eine letzte Strafe. Ein Teil des Masts ragt ins Wasser, die Salings schlagen jetzt an den Rumpf wie eine feindliche Armee. Am liebsten würde ich nur noch schreien, aber Erschöpfung und Panik hindern mich daran. Ich habe einen bitteren Geschmack auf der Zunge, mein Mund fühlt sich rau an, mir wird schlecht, meine Augen schwellen an: Meine Karbonallergie lässt nicht auf sich warten. Ich wage kaum, das Bootsinnere zu inspizieren, denn ich bin mir fast sicher, dass irgendwo ein riesiges Loch klafft. Während mir das Herz fast in der Brust zerspringt, hocke ich ein paar Minuten lang wie gelähmt da. Entsetzen packt mich beim Gedanken, dass es mir nicht gelingen könnte, mich am eigenen Schopf aus dem Sumpf zu ziehen, dass ich jetzt endgültig an meine Grenzen gestoßen bin. Es ist zwar lächerlich, aber manchmal wäre man lieber auf der Stelle tot. In meinem Kopf geht es drunter und drüber. Sinkt mein Boot schon? Bin ich dabei zu sterben? Die Nacht, die ich so fürchte, ist schon beklemmend nah. Es ist zu spät.

Es gibt weder den sofortigen Erfolg
noch das endgültige Scheitern.
MARCEL PROUST

Nicht lange jedoch, und ich gebe mir, angetrieben von äußerstem Überlebenswillen, einen Ruck, reiße die Klappe auf, hinter der das Rettungsboot verstaut ist, und bereite meinen Notausstieg vor.

Dazu muss man wissen, dass man sein Boot niemals verlässt, bevor es nicht »sicher« verloren ist. In welchem Zustand es auch sein mag, es bietet immer noch mehr Schutz als ein Rettungsboot.

Schnell durchstreife ich die Höhle der *L'Oréal* auf der Suche nach dem Lebensnotwendigen, das ich auf keinen Fall vergessen darf. Alles andere werde ich zurücklassen und zusehen müssen, wie mein Haus, mein geliebtes Boot, mein ganzes Leben der vergangenen vier Monate einfach untergeht. Bei der Vorstellung schnürt sich mein Magen zusammen. Zu allem Überfluss bringt mich eine ruckartige Bewegung des Bootes, das von den Fluten hart herangenommen wird, zu Fall, und ich schlage mit dem Kopf hart gegen eine der Bodenwrangen aus Aluminium. Aber: Mein Notfallplan steht. Ganz fest umschließe ich die wunderhübsche Uhr in meiner Tasche, die mir das Team von *L'Oréal* zu Weihnachten geschenkt hat und die ich auf keinen Fall an Bord lassen werde. Diese Nacht, in der ich flehentlich die Morgendämmerung herbeisehne, ist zweifellos die schlimmste von mehreren Hundert Nächten, die ich allein auf den verschiedenen Meeren der Erdkugel zugebracht habe. Eine Nacht wie ein Todesurteil. Ich bin in den dunklen Verschlag hier verbannt und warte darauf, dass man mich holt. Der Mast schlägt immer noch heftig gegen den Rumpf. Bei jedem Aufprall fahre ich hoch, als habe mich ein linker Haken getroffen. Es ist das reinste Martyrium. Ich kralle mir die Finger in die Arme, um nicht vor Erschöpfung umzufallen. Und trotzdem muss ich mich etliche Stunden gedulden und die Nacht irgendwie überstehen. Morgen werde ich die Schäden begutachten, die Brücke freiräumen und überlegen, wie ich es trotzdem schaffen kann. Das Satellitentelefon klingelt, meine Familie ist dran. Noch ein Schlag in die Magengrube. Meine Stimmbänder bringen keinen Laut hervor, ich bleibe stumm vor Verzweiflung. »Es wird schon wieder, Maud, es wird schon wieder«, höre ich sie mit Grabesstimme sagen. In diesem Moment möchte ich tatsächlich, dass sie mich abholen, aber das ist völlig ausgeschlossen. Kein einziges Schiff ist hier unterwegs. Ich würde alles darum geben, dass mich jetzt jemand in die Arme nimmt. Ich halte das Alleinsein nicht mehr aus, ich bin es leid, mich tapfer geben zu müssen. Meine Sehnenentzündungen quälen mich, mein ganzer Körper brennt vor Schmerzen. Ich bin über und über salzverklebt, weil seit zwei Wochen so schlechtes Wetter ist, dass ich mich nicht waschen konnte, und wegen meiner Allergie ist alles geschwollen. Ich bin in einem erbärmlicheren Zustand als ein räudiger Hund, ich verabscheue mich selbst. Wenn ich hier je wieder herauskomme, ist das der endgültige Beweis, dass der Mensch über ungeahnte, unschätzbare Kräfte verfügt. Und dass mir dann bloß keiner mehr kommt und sagt, er habe schlechte Laune, weil sein Kaffee morgens kalt war!

Eine steile Wand hat sich vor meinen Traum geschoben. Alle Hindernisse, die ich überwunden habe, alles, was ich durchgemacht habe, das alles soll umsonst gewesen sein? Die monatelange Vorbereitung, die vielen Opfer, die ich gebracht habe, alles, was ich meiner Familie zugemutet habe, das Vertrauen und die Unterstützung meiner Freunde – alles für die Katz? Dabei habe ich wirklich alles gegeben. Ich bin über meine Grenzen hinausgegangen, habe mich unermüdlich abgestrampelt, Hunderte und Aberhunderte Hürden genommen, mich hineingekniet, meinen Stolz links liegen lassen, Kritik eingesteckt und, wenn es darauf ankam, auch meinen Mund gehalten. Für nichts und wieder nichts? Was soll ich den Viert- und Fünftklässlern sagen, die sich jeden Morgen auf den Computer stürzen und nach meiner Position sehen? Dass ich erschöpft war, physische und psychische Schmerzen hatte, dass ich alles ertragen habe – bis zu diesem Punkt, der das Vorstellungsvermögen übersteigt? Ich, ihre »Meeressirene«, ihr »Südstern«, ihre »große Schwester auf dem Ozean«, die »pädagogische Handreichung« von Grundschullehrern wie Madame Busson – soll ich vor sie hintreten und sagen, dass ich »gezwungen« war, aufzugeben? Die Kinder an der École Guynemer im sozialen Brennpunkt von Meaux kommen ganz von allein in die Schule, weil ihre Eltern noch nicht aufgestanden oder aber im Gefängnis sind. Sie holen ihre jüngere Schwester aus der Krippe ab, weil ihre Mutter es vergessen hat, und arbeiten viermal so viel wie die anderen, weil man ihnen schon von klein auf gesagt hat, dass sie später arbeitslos sein werden – diese Kinder sind mir mit Respekt begegnet, mit Begeisterung, mit der Hoffnung, es eines Tages auch zu schaffen. Ich lasse das Nebelhorn ertönen, damit die Nacht irgendwie greifbar wird und ich mich weniger einsam fühle. Ein langes Klagen dröhnt durch die Dunkelheit. Es erinnert mich an die Schiffssirenen, die bei meinem Abschied zu hören waren. Es zerreißt mir schier das Herz.

Ich beschließe, alles zu tun, um es doch allein zu schaffen. Nein, ich werde nicht das Notsignal senden. Die Nacht ist vorbei, irgendwie muss ich die Brücke freiräumen. Das wird einige Zeit dauern und ist sehr lästig, vielleicht sogar unrealistisch, aber ich muss es versuchen. Die Botschaft an die Kinder, »gegen alle Winde« durchzuhalten, bedeutet, dass du deine Träume zu Ende träumst, egal, wie viel Zeit und Anstrengung es kostet. Hauptsache, du gibst nicht auf. Dein Wille, deine Ausdauer befreit dich von deinen manchmal nur imaginären Fesseln. Entscheidend ist nicht, dass du als Erster ins Ziel kommst, sondern du selbst bleibst und alles tust, um dein Vorhaben zu Ende zu bringen. Ich habe die Kindergesichter noch vor mir, die mich bei jedem Abenteuer begleitet haben, und sie machen mir Mut. Ich weiß noch, wie schüchtern die Kleinen Abenteurer aus dem Vorort Pierre-Colinet dasaßen und, die Köpfe gesenkt, kicherten, als ich in ihre Klasse kam. Von klein auf werden sie wegen des Ortes, an dem sie leben, und wegen ihrer Herkunft abgestempelt, Kinder ohne Halt aus sozial schwachen Familien, die immer nur im Zusammenhang mit Verfehlungen, Aggressivität und schulischem Versagen erwähnt werden: Lächelnd guckten sie mit weit aufgerissenen Augen, in denen ein unstillbares Bedürfnis nach Zärtlichkeit lag, durch die Decke hindurch direkt in die Sterne. Diese Kinder haben mich tief bewegt. Um ihretwillen werde ich nicht aufgeben, denn ihre Begeisterungsfähigkeit, ihr Glauben an die Zukunft, ihre außerordentliche Zuversicht sollen ihnen bleiben.

Hätte meine Weltumseglung nur einen Sinn und Zweck, dann sicher den, ihnen die »Kehrseite« der Welt zu zeigen, in der sie leben müssen, und ihnen zu beweisen, dass sie genügend Kräfte mobilisieren können, um sich nicht von fruchtlosen Wegen des »Systems« vereinnahmen zu lassen. Ich möchte sie ermuntern, aufs Podest zu steigen und einen Blick über die Mauern des Labyrinths zu werfen: Der Ausgang ist nie so weit weg. Mein Abenteuer, bei dem es nicht um Rekordzeiten und Wettbewerb geht, womit ich wenig anfangen kann, ist für sie eine Reise in die Traumwelt, die Schritt für Schritt Wirklichkeit werden kann, wenn man nicht lockerlässt!

Ich stehe mit dem Rücken zur Wand. Ich muss mit gutem Beispiel vorangehen, mich an meine eigenen schönen Worte halten und an die Arbeit machen. Zum Glück lässt der Wind seit Tagesanbruch kontinuierlich nach. Beim Gedanken an das, was mich erwartet, wird mir schwindlig. Wo soll ich bloß anfangen? Ausgerüstet mit meiner 20 Zentimeter langen Metallsäge (die inzwischen im Klassenzimmer von Jocelyne Busson an der Wand hängt) und meinem Schweizer Taschenmesser, das mir Anne-Laure Richard von L'Oréal zum Abschied geschenkt hat, wende ich mich der Takelage zu, die ich zerlegen muss, um mein Boot zu befreien. Ich schneide, zerre, säge und sortiere. Skeptisch blicken die Fluten zu mir her. Gemessen am Aufwand fällt das Ergebnis sehr bescheiden aus. Die Manöver dauern endlos lang und sind sehr gefährlich. Ich habe Angst, dass ich mich irgendwo verheddere und in die Tiefe gerissen werde.

Das Boot ist riesig, mächtige Kräfte sind am Werk. Jeder Schritt will zweimal überlegt sein. Die Edelstahlwanten und die Haspeln zu zersägen, die am vorderen Ende astdick sind, ist eine Sträflingsarbeit. Die *L'Oréal* treibt mit der Strömung. Ich bin auf das Wohlwollen des Ozeans angewiesen, der mich aus dem Augenwinkel betrachtet. Was ich tue, ist Präzisionsarbeit, ich muss so sauber arbeiten wie ein Uhrmacher. Was mir an Kraft fehlt, versuche ich durch Tricks wettzumachen. Um die Rah in die Mitte des Decks zu bewegen, benutze ich zum Beispiel Shampoo, als Hebel verwende ich Kanister und Fender, und um alles so heraufzuziehen, dass auch nichts wieder herunterfällt, nehme ich Handwinden, Seilrollen und Seilzüge. Alles andere ist eine Frage der Zeit und der Beharrlichkeit. Denen, die sich ein Grinsen nicht verkneifen konnten, als sie mich in dieser Situation wussten, nachdem ich zuvor gestanden hatte, mir auf dem Meer die Beine zu rasieren, denen darf ich versichern, dass es auch mit Nagellack an den Fingern für ein paar Bastelarbeiten durchaus reicht, obwohl ich mir etwas Schöneres vorstellen kann!

Es gibt Begegnungen, die einen prägen und aus denen man Kraft schöpft. Es mag der Blick eines Menschen sein, eine Rede, eine gewisse Präsenz. Etwa die von Jean Daniel, einem Freund unserer Familie, seit über 40 Jahren Fischer. Seine Haut ist, wie die all der faszinierenden Menschen, die auf dem Meer arbeiten, von Salz und Sonne gegerbt; auch der im südlichen Finistère unerbittliche Wind hat seine Spuren hinterlassen. Ein hartes, markantes Gesicht, das eine Menge Erfahrung zum Ausdruck bringt, Augen, deren intensives Blau an den Ozean erinnert. Dieser Mann ist ein Barometer. Er sagt das Wetter vorher. Wind, Wellen, Gezeiten, all das ist ein Teil seiner selbst. Er scheint sie sogar mit hervorgebracht zu haben, so zerschunden sind seine Hände von ihrer mächtigen Wirkung. Manchmal beschreibt er uns, stets distanziert, mit seiner rauen

Stimme erstaunlich präzise die Umrisse der Meereslandschaft. Er gehört zu den seltenen Wesen, die mit dem Ozean verwachsen sind.

Einsam, still sitzen die Fischer sinnierend hinten in der Bar und verdauen ihre Erlebnisse auf hoher See. Sie sind in den Rauch einer Pfeife oder einer selbst gedrehten Zigarette gehüllt, tragen abgewetztes Ölzeug, und alle Fragen prallen an ihnen ab, das Stimmengewirr trägt sie fort. Unauffällig wärmen sie sich nach der Nacht auf dem Meer an der Anwesenheit der anderen und genießen das Leben, das zwischen den dicken Mauern mit einem Mal immer intensiver wird. Manche reden fast gar nicht, die Menschen hier verstehen sich auch so. Andere wechseln vielleicht aus Gewohnheit knurrend noch ein paar Worte, aber nur kurz, sie geben nicht ohne Weiteres etwas von sich preis. Denn die Pforten der Seele müssen fest verschlossen sein, wenn man dem Ozean bei jedem Wetter die Stirn bieten will.

Vom Meer kann man nicht erzählen,
man muss ihm zuhören.
JEAN FRANÇOIS DENIAU

Nach fünftägiger Arbeit, nachdem es mir gelungen ist, die Rah mit Hilfe von zig Wanten, Stützbalken und Achterstagen aufzurichten und zum Behelfsmast umzufunktionieren, Segel zu fabrizieren, die halten, und meine Baustelle endlich wieder zu beseitigen, beginnt der glücklichste Teil dieser Weltumseglung. Ich habe das schlimmste Problem, die denkbar abwegigste Katastrophe überstanden, ohne darin umzukommen. Ich habe der Unmöglichkeit, die unvorstellbaren Strapazen zu bewältigen, den Kampf erklärt. Dabei habe ich, um ehrlich zu sein, nicht geglaubt, dass ich es schaffen könnte. Mit blutigen Händen und krummem Rücken, aber voller Tatendrang nehmen die *L'Oréal* und ich die Fahrt Richtung Nordwesten mit Kurs auf Réunion und die Ankunft wieder auf. Ich habe mich noch nie so leicht gefühlt, bei der kleinsten Böe könnte ich, als wäre ich verliebt, mit Schmetterlingen im Bauch schier abheben. Jetzt spüre ich das Glück vom Kopf bis in die Zehenspitzen. Mit einem winzigen Meißel habe ich eine kleine Öffnung in die Wand geschlagen, die sich vor mir aufgebaut hat, und das ist für mich und für die Kinder der schönste Sieg.

Beharrlichkeit verhält sich zum Mut wie das Rad zum Antrieb:
Sie ist die ständige Erneuerung des Auflagepunkts.

VICTOR HUGO

Heute Morgen ist das Meer ein Gewirr aus Jade und Silber, das von einer lang gezogenen Dünung aus Südwesten umgewälzt wird. Die Bilder des umgestürzten Masts haben mich noch lange in Form von schrecklichen Albträumen verfolgt. Noch immer werde ich den Gedanken an eine erneute Katastrophe und die quälende Angst davor nicht los. Aber ich bin nach wie vor überzeugt, dass ich für mich den richtigen Weg gewählt habe. Oft denke ich an den Naturforscher Théodore Monod, der einen Teil seines Lebens in der Wüste auf der Suche nach einem Meteoriten zugebracht hat, einem schwarzen Diamanten, der angeblich vom Himmel gefallen war wie eine reife Frucht. Und ich stelle mir heute auch die Frage, nach welcher Frucht, nach welchem Edelstein ich so weit weg von allem eigentlich suche. Vielleicht einfach nur nach Sauerstoff, der Quelle des Lebens auf der Erde. Und selbst wenn die Fragen, die in mir aufkommen, mich nicht mehr loslassen und mir all meine Gewissheiten nehmen, weiß ich im Grunde ganz genau, dass dies mein Weg ist.

Ich liebe Zauber und Begeisterung, die mich auch an Kindern so faszinieren, genauso wie die Ungeniertheit, mit der sie sich Hals über Kopf in eine Sache stürzen, von der sie felsenfest überzeugt sind. Durch sie habe ich wieder Augen für die kleinen Dinge des Lebens, sodass sich der heimtückische Schleier des Alltags lüftet. Bei meinem Abenteuer waren etliche Klassen aus Frankreich und Übersee mit dabei, Kinder in stationärer Behandlung und aus Freizeitzentren. Je länger ich darüber nachdenke, desto mehr glaube ich, dass letztlich sie diejenigen waren, die mich mitgerissen und mir regelrecht Flügel verliehen haben.

Das Meer ist ein anspruchsvoller Lehrmeister. Flüchtigen Bekanntschaften gibt es sich nicht hin. Man muss es sich verdienen, es hat einen an der Kandare, und seine Maxime lautet: Geduld, Gründlichkeit, Disziplin und Selbstverleugnung. Diese Regeln habe ich seit langem als mein Bekenntnis verinnerlicht.

Zwar war ich oft erschöpft und ausgelaugt, aber etwas Wesentliches habe ich nie vergessen: Willenskraft macht neue Lösungen möglich. Der Ozean hat mich geformt, ich bin eine fleißige, gewissenhafte und geduldige Schülerin. Wie meine Kleinen Abenteurer auch, habe ich dabei nie eine Gelegenheit zum »Zeit verlieren« ausgelassen, wenn ich das Leben dann wieder durch die rosarote Brille sehen konnte. Ruhelose Geister, Hitzköpfe, diejenigen, die es im Leben immer ganz besonders eilig haben, bleiben in der Schule des Meeres auf dem Kai zurück. Wer ein Schiff besteigt, kommt in eine friedliche Welt, in der kein Platz ist für die Skrupellosigkeit der »Großen«, die immer die eigenen Vorstellungen zum Maßstab nehmen. In die Freiheit, Teufel auch, in die Freiheit!

Ich weigere mich zu glauben, dass der Mensch so schwach ist, dass die Angst vor Veränderung ihn blockiert. Fatalismus ist etwas, was ich fürchte. Nein, der Mensch ist nach meiner Überzeugung kein bloßes Glied in einer schweren Kette, die einen teuflischen Kreislauf vollzieht. Von Kindesbeinen an ersticken wir unter einer Glocke, in die nur das Licht bunter Bilder dringt. Ich für mich habe beschlossen, mich damit nicht mehr vollstopfen zu lassen, sondern ein Bad in der Freiheit zu nehmen. Mein Notausgang ist das Meer!

Das Meer sagt mir vieles, was ich erst allmählich begreife. Deshalb mache ich weiter. Man darf nicht stehen bleiben.

BERNARD MOITESSIER

Unterwegs müssen wir uns mit der eigenen Vergänglichkeit auseinandersetzen, mit der das Meer uns konfrontiert. Wir sind genauso flüchtig wie die Kirschblüte – das sagt es uns in einer Tour. Das Einzige, was wirklich uns gehört, liegt in uns selbst. Das herrlichste Königreich ist unsichtbar. Es wäre schön, wenn Kinder beim Heranwachsen wüssten, dass man sich darauf verlassen kann. Der Ozean ist mir in Fleisch und Blut übergegangen, mit jedem Tag mehr, mit jeder Welle, unter der mein Boot begraben wurde. Die offene See hat sich in mich hineingeschlichen und mich ganz durchdrungen. Die Gischt hat meine äußere Hülle gegerbt und meine Seele ganz weich gemacht. Das Salz wirkt in meinen Arterien, pocht an meine Schläfen und nährt meinen Körper und meine Seele, die es mit jeder Sekunde vom Schmutz an Land befreit. Tagtäglich verspüre ich die bittere Wollust des Verzichts, und das mit jeder Stunde, jedem Tag, jeder Woche und jedem Monat wachsende Gefühl des Siegs über die Monotonie, die Müdigkeit, die Kälte und die Angst vor dem Wetter von morgen. Ein gewisser Stolz, wie man ihn empfindet, wenn man eine schwierige Aufgabe bewältigt hat, hilft mir durchzuhalten.

Anmutig gleitet die *L'Oréal* wie auf Samt dahin. Wir setzen die Fahrt unter dem strahlenden Blick der Sonne fort. Keine Aggressivität, keine Gewalt, kein Hass, keine Schreie, der einzige Kampf, der hier stattfindet, ist der gegen sich selbst. Hier in der Welt der Südmeere hänge ich meinem Aufbegehren gegen Dummheit, Rassismus, Mittelmaß und Intoleranz nach. Für die Kinder haben diese Begriffe noch keine Bedeutung. Ich brauche den Abstand, um mich nicht mit Gemeinplätzen einzumauern. Ich glaube an das, was in ihren Köpfen vor sich geht, denn sie haben noch die Wahl.

Die erste Klasse, die ich aufgesucht habe, war die von Jocelyne Busson, einer sehr engagierten Lehrerin. Wir hatten uns über den Stadtrat meiner Heimatstadt Meaux kennen gelernt und waren sofort ineinander vernarrt. Mich begeisterten ihr Eifer und ihr Festhalten an den klassischen Werten der Republik, und sie war fassungslos, dass ich monatelang unterwegs sein konnte, ohne ein Wort mit jemandem zu wechseln!

Der Besuch an jenem Tag bedeutet für mich mehr Stress als ein Vortrag vor tausend Leuten. Das liegt wahrscheinlich daran, dass sie brav dasitzen, höflich schweigen und alle ihre Augen, die leuchten, als hätte man sie angeknipst, wie Teleskope auf mich gerichtet haben. Es ist selten, so Madame Busson, dass jemand aus der Stadt den Weg in den Vorort findet. Ich werde aufgenommen wie ein Familienmitglied, das man lange nicht gesehen hat. Das kleine Klassenzimmer ist über und über mit Gedichten, Postern, Bildern und Fotos dekoriert. Auf dem Lehrerpult steht der Globus, ein roter Faden zeichnet meine Route nach. Ich bin beeindruckt, als ich sehe, wie viele Seiten in ihren Heften sie mit ihren Träumen, Skizzen und Fragen gefüllt haben. Die Kinder wollen alles ganz genau wissen, von der Größe der Fische, die ich gefangen habe, bis zur Farbe der Schildkröten, die mir unterwegs begegnet sind. Sie fragen geradeheraus, ohne Umschweife, sorgen sich um Maman Chantal und wegen der Haie. Yossra schreibt: »Sie könnte sterben, aber das macht nichts, es war ihr Traum.« Es haut dich schlicht um.

In 35 Dienstjahren nicht ein Fehltag wegen Krankheit oder Sonstigem. In Turnschuhen und mit Kurzhaarfrisur erzählt Jocelyne vom

Arbeiten und Durchhalten, aber nie von unüberwindbaren Schwierigkeiten oder unlösbaren Problemen. Einen heftigen Wortwechsel zwischen Schülern nimmt sie zum Anlass, eine Stunde über gewaltfreies Miteinander zu halten. Ein achtlos weggeworfenes Papier ist der Aufhänger für ein Gespräch über Umweltschutz. In ihrer Klasse lernt man, erhobenen Hauptes durchs Leben zu gehen. Es will etwas heißen, Bürger zu sein. Ich habe mir gut überlegt, was ich sage, denn ich will die Kinder nicht beeinflussen und einfach das fließen lassen, was sie eines Tages, so meine Hoffnung, in ihren Hoffnungen antreiben wird.

Wenn ich den jungen Schülern diese Freude vermitteln will, dann liegt es sicherlich auch an meinem Vater, der alles überstrahlt hat und mir viel Vertrauen geschenkt hat. So konnte etwas aus mir werden, und das möchte ich den benachteiligten Kindern aus den »schwierigen« Vierteln vermitteln. Mit ihm blieb das Licht selbst in düstersten Momenten nicht weg, gerade so, als trüge er ein Stromaggregat unterm Hut. In seiner Allegorie der Metalle ordnet Plato den Menschen Gold, Silber und Blei zu. Die wenigsten stehen für Gold. Marc aber zeichnet sich durch eine Loyalität und einen Mut aus, die dieser Rubrik durchaus würdig sind. Bei diesen Worten wird er sicherlich erröten, aber er hat die Wahrhaftigkeit, die Größe verleiht. Er ist geheimnisvoll und mysteriös, und ein bisschen davon finde ich auch im Ozean wieder, aber vielleicht ist es auch umgekehrt. Er erinnert mich an die Moai, die Steinstatuen auf den Osterinseln, die mit dem Rücken zum Meer stehen.

Der Ozean ist ganz ähnlich. Er lehrt mich, stärker und widerstandsfähiger zu sein. Mit jedem Abenteuer, so mein Eindruck, fügen sich mehr und mehr Steine zu einem Mosaik, dessen Motiv allmählich zu erkennen ist. Das Meer konfrontiert dich mit den eigenen, uneingestandenen Schwächen und mit fehlenden Teilen, aber es hilft dir auch, Stärken zu erkennen und dich so zu nehmen, wie du bist, und dich nicht für die Person zu halten, die du gern wärst. Das bedeutet harte Arbeit an sich selbst, um die eigenen Fähigkeiten zu nutzen und weiterzuentwickeln. »Nach oben zielen« – so lautet die Quintessenz bei Jocelyne. Mit sich ins Reine kommen. Das ist wahre Gelassenheit: Akzeptieren, dass der Feigenbaum nur einmal im Jahr blüht. Indem ich mich auf den Weg gemacht, auf vieles verzichtet habe und das Risiko eingegangen bin, habe ich mich befreit. Ich habe mich körperlich abgehärtet und gleichzeitig geerdet. Jetzt weiß ich, dass ich nicht mehr ständig auf der Hut sein muss und mein Schild endlich ablegen kann. Das Fundament steht, jetzt wird es allmählich Zeit. Das Meer, mein liebevoller und aufmerksamer Lehrmeister, fordert mich auf, sanfter und menschlicher zu werden. Tag für Tag hat es meine Blessuren gepflegt. Die schönste Liebeserklärung war die des Ozeans, als er mich irgendwann an seiner Seite akzeptiert hat. Er hat mir keine Komplimente gemacht, die ich nicht ausstehen kann, er hat mich weiterziehen lassen. Wie ein guter Baumeister hat er eine Lücke sinnvoll gefüllt, alle Risse gekittet, damit sich kein Zweifel mehr einschleichen kann, und in mir Fenster, was sage ich, riesige Fluchten geöffnet, die mir einen Zugang zur Welt um mich herum verschaffen. Er hat den Weg zu meinem Herzen freigelegt und mich empfänglicher gemacht, weshalb sich meine Kleinen Abenteurer heute auch hundertprozentig auf mich verlassen können.

10 Die Ankunft
oder Erwachen im Hafen

Du bist zeitlebens für das verantwortlich,
was du dir vertraut gemacht hast
ANTOINE DE SAINT-EXUPÉRY

Seit mittlerweile fünf Monaten verschlinge ich den Ozean Tag und Nacht mit gierigem Blick. Mit einem Schaumdefilee im Gefolge kehrt die *L'Oréal* nach Hause zurück. Ihr Kiel hat in die Meerestiefen geblickt, und in ihren Segeln liegen noch die Südwinde, der Atem der Antarktis. Drinnen in ihrer Höhle berichten Gerüche von ihrem Abenteuer, von unserer Suche am Ende der Welt, unserer Reise in unser Inneres. Auf der Brücke sind Narben zurückgeblieben, Zeichen der langen Fahrt und unzähliger Kalamitäten. An manchen Stellen ist die Farbe abgeblättert; dort schwärt wie eine Wunde der Antirostanstrich. Meine Haut ist vom Salz nicht mehr zu unterscheiden, wir bilden ein Ganzes, ein einziges Wesen aus Meer und Blut, das, weil freier, auch stärker ist.

Bald kommen wir an. Das erscheint mir fast irreal, so sehr habe ich es herbeigesehnt. Mein Glücksgefühl auf dem Meer kommt paradoxerweise auch daher. Nach all den Entbehrungen wieder Überfluss. Anstelle der feuchten Decke bald wieder ein warmes, gemütliches Bett. Nach den schlafraubenden nächtlichen Anstrengungen die verdiente Ruhe. Nach der kargen Fertigkost abwechslungsreiche Schlemmereien, köstliche Schokolade. Nach den langen Monaten voller Unruhe und permanenter Ängste die Sicherheit eines beschützenden Zuhauses. Nach der Einsamkeit die Geborgenheit in der Familie, die mich zärtlich umsorgt. 150 Tage des Hoffens, Wochen, die mir wie Monate vorgekommen sind, seelenlose

Tage, Nächte mit dem Gedanken an einen nahen Tod, eine Flut von Fragen, die alles Überflüssige kurzerhand über Bord geworfen haben, mehr als 30 Wetterfronten, die ich gegen alle Winde und Strömungen passiert habe, keine einzige Woche Pause – das alles liegt jetzt hinter mir.

Mit weit aufgerissenen Augen starre ich auf den Horizont und suche die unveränderliche Linie nach Land ab, nach irgendeinem Schatten. Ich weiß, dass es bald auftauchen muss! Blinzelnd sehe ich unentwegt strahlende Bilder von der Ankunft vor mir. Seit dem 15. Oktober fügen sie sich zu einem Schauspiel, das ich bis ins Detail entwerfe und für das ich zig verschiedene Inszenierungen ersinne. Sie erwarten mich, bereiten alles vor, rufen immer öfter an, ich schlafe immer unruhiger. Auch die *L'Oréal* brennt vor Ungeduld und beschleunigt. In der ganzen Aufregung spüre ich jedoch auch eine wachsende Sorge. Bald wird die Blase platzen, die schützende Hülle fällt weg, und ich hoffe, dass ich nicht allzu unsanft aufkomme, wenn ich meine Arche verlasse. Fast treibt mich die Furcht vor der Ankunft dazu, wieder umzukehren. Bin ich verrückt geworden? Nein, ich bin nur noch nicht bereit für die wahnwitzige Hektik, ich will nicht reden, sondern wieder zurück, bevor es zu spät ist. Der Weltumsegler Bernard Moitessier hat es so gemacht, warum nicht auch ich? Tief in mir verspüre ich den Widerspruch zwischen der schon zwanghaften Lust zurückzukehren und einer quälenden Angst vor der Rückkunft auf den Kontinent, den mächtigen Magneten, dem ich mich kaum entziehen kann. Wird es dann wieder so sein, dass ich, kaum dass ich sitze, wie von der Tarantel gestochen hochfahre und mich, ohne mich noch umzudrehen, blitzschnell wieder aus dem Staub mache? Werden meine guten Vorsätze sich wieder legen? Werde ich, sobald ich an Land bin, wieder eingeholt und festgenagelt von denen, die nichts begriffen haben? Wie lange werde ich mir das Strahlen im Blick und den Glauben an das

Unmögliche bewahren? Ich habe noch nie so viel geweint wie bei dieser Weltumseglung, als wollte ich durch die Tränen bei meinem letzten Abenteuer vollkommen eins mit dem Ozean werden, der mir so viel gegeben hat. Dabei weiß ich sehr wohl, dass die Welt der Erdbewohner auch meine Welt und ganz passend für mich ist, auch wenn ich heute eine andere Sicht auf die Dinge habe. Und die Kinder erwarten mich, es gibt unendlich viel, was ich ihnen erzählen und an sie weitergeben will. Ich gehöre zu meinesgleichen. Ich weiß, dass ich nicht mehr zu lange warten darf, die Welt verändert sich. Weit weg von mir sind meine Verwandten größer oder älter geworden, ich muss schnell zu ihnen zurück, damit ich sie überhaupt noch erkenne. Als ich noch ganz klein war, etwas über ein Jahr, reisten Maman, Yann und ich für ein paar Tage nach Frankreich; Marc blieb auf dem Schiff. Jeden Abend vor dem Schlafengehen zeigte Chantal mir ein Foto von Papa, damit ich ihn bei der Rückkehr noch erkennen würde. Als wir wieder zu unserem Segelschiff in den Antillen kamen, hatte Papa seinen langen Bart abgeschnitten: Er war nicht mehr mein Vater. Er mochte sich noch so viel Mühe geben, damit ich wieder warm wurde mit ihm, indem er mir erklärte, er sei wirklich mein Vater, oder die Hände vors Gesicht hielt – es war zwecklos. Ich holte das Foto hervor, küsste es vor dem Schlafengehen und sagte nur zu der darauf abgebildeten Person »Papa«. Wenn du also der Erde, die dich erwartet, noch etwas mitzuteilen hast, solltest du dich auf die Socken machen!

Mein Großvater väterlicherseits, der mich immer »Püppchen« nannte, stand mir sehr nahe. Er redete wenig, hatte, was Kleidung angeht, keinen besonders guten Geschmack, roch immer nach Pfeife und verbarg hinter seinen pechschwarzen Augen seine übergroße Sensibilität, worin er meinem Vater so ähnlich war. Er ist gestorben, während ich weit weg mit dem Ruderboot den Atlantik überquerte. Als ich zurückkam, fiel es mir schwer, seinen Tod zu akzeptieren. Ich hatte ihm noch so viel zu erzählen. Während der Monate auf dem Meer hatte ich meine kurze Hose gegen ein Paar solide, derbe Rettungshosen eingetauscht. Ich war eine Andere geworden und freute mich darauf, ihn mit anderen Augen wiederzusehen. Er konnte nicht mehr auf mich warten, und man hatte es mir unterwegs nicht gesagt. Unser Wiedersehen fand ohne Worte statt, an seinem Grab in La Houssaye, ganz hinten auf dem Friedhof seines Heimatdorfs. Es regnete, fast so, als sollte ich meine Tränen besser verbergen. Er ist immer und überall bei mir gewesen.

Die See, meine Schöne und Wollüstige, meine unschätzbare Freundin, wird bald schon wieder ihrer Wege gehen. Wie ein Sämann hat sie ihre Samen in mich gesetzt, sie genährt, beschützt und ihnen beim Wachsen zugesehen, als hätte sie von Anfang an alles unter Kontrolle gehabt. Mein Verlangen ist jetzt gestillt. Durch mein erneutes Abenteuer an ihrer Seite habe ich auf dem Dachboden für Ordnung gesorgt. Für die See dagegen gibt es kein Ende. Sie macht immer weiter. Ich werde sie nie vergessen. Die Spur, die sie in meinem Herzen hinterlassen hat, ist zwar aus Salz, aber sie wird sich mit Süßwasser niemals auswaschen lassen. Aufmerksam lausche ich dem tiefen, besänftigenden Atem des Meeres, der sich mit dem des Himmels verbindet. Ich nehme ein letztes Mal seine Kräfte in mich auf, als würden sie mit der Rückkehr zur Zivilisation aufgehoben.

Es ist keine tiefschwarze Nacht. Ich folge der Spur des Mondes auf dem Wasser und drehe leicht bei, um in dem beruhigenden Lichtkanal zu bleiben. Die *L'Oréal* und ich sind Gefangene seines silbrigen Netzes und wollen es endlich genießen. Der Wind säuselt in den Wanten. Das Boot fängt an zu singen. Mein Herz ist die Trommel, meine Brust der Blasebalg. Ich kann nicht glauben, dass wir bald schon von Hunderten von Menschen umringt sein werden.

Wie ein Tier, das seinem Instinkt folgt, um den Weg zu finden, spüre ich die Nähe des Festlands. Der Seemann hat viele Anhaltspunkte dafür. Zunächst ist es ein Vogel am Himmel, dann sind es zwei, drei, dann ein Dutzend, die auf offener See über dem Schiff kreisen. Sturmvögel, Seeschwalben, die so aussehen, als würden sie dich erkennen, so sehr sind ihnen die Schiffe vertraut. Sie kreischen wie Jungvögel, wirbeln wild durch die Lüfte und wollen anscheinend sogar an Bord landen (was ein Albatross niemals tun würde!). Mehrmals habe ich kurz vor der Ankunft Besuch bekommen, mit dem ich nie gerechnet hätte. Am Ende meiner Atlantiküberquerung war es ein Spatz, völlig verloren und ganz erschöpft vom kilometerlangen Flug. Dieses Mal naht in über 100 Seemeilen Entfernung zur Küste ein Schmetterling. Das fragile Wesen flattert zu mir und lässt sich zart wie ein Kuss auf einer Handwinde nieder. Seine Flügel, die sich öffnen und schließen, sehen aus wie ein pochendes Herz. In gleichmäßigem Rhythmus zeigt er sein goldmarmoriertes Kleid, auf das vier pudrige Augen gemalt sind, die sehr geheimnisvoll aussehen. Seine Schönheit rührt mich an. Einen bezaubernderen Willkommensgruß kann ich mir nicht wünschen. Nachdem er seine Botschaft überbracht hat, hebt ihn die Brise schnell wie ein Augenzwinkern auch schon wieder empor, und in kürzester Zeit bleibt von ihm nur noch ein winziger Lichtfleck am Himmel.

Der Karte nach zu urteilen, sind wir kurz vor dem Ziel. Aber draußen kann ich nichts erkennen. Kein Land in Sicht! Dabei könnte das Wolkengebilde am Horizont direkt vor mir ein Hinweis sein. Ich hole mein Fernglas hervor, aber es ist noch zu hell. Ich gehe auf der Brücke auf und ab, trete vor Ungeduld von einem Fuß auf den anderen und weiß nicht, wohin mit meiner Energie. Ich habe mich gewaschen, umgezogen, parfümiert und frisiert – ich bin bereit für den Absprung. Die *L'Oréal* ermuntert mich mit fächelndem Segel.

In der Abenddämmerung dann zeichnet sich ein dünner Kohlestrich am Horizont ab. Das ist sie, dort unter den Wolken: Die Insel Réunion. Es grenzt an ein Wunder, sie so auftauchen zu sehen, als würde sie gerade dem Meer entsteigen. Ich mache Luftsprünge und werfe mich meinem kleinen Behelfsmast um den Hals, an dem meine Freudentränen versickern. Kein Hindernis konnte uns bezwingen, weder der Zyklon noch die zehn Meter hohen Wellen am Kap Hoorn noch der umgeknickte Mast oder die vielen Lecks, die Einsamkeit nicht und die Containerschiffe auch nicht. Wir haben durchgehalten. Überglücklich schreie ich meinen Sieg heraus. Alle Energie, die ich monatelang im Zaum gehalten habe, um jede Schwierigkeit zu meistern, geht jetzt in einem einzigen Funkenmeer auf. Dass ich gegen mich selbst angetreten bin und mich dabei erobert habe, feiere ich hier und jetzt allein mit dem Meer. Wir haben gemeinsam gekämpft. Ohne Champagner zwar, und ohne Canapés oder Luftschlangen, aber mein Herz ist ein einziges Feuerwerk. Das Adrenalin steigt mir in den Kopf, ich bin im Glücksrausch.

Die Insel ist jetzt ein mikroskopisch kleiner, umnebelter Fleck. In der beginnenden Dämmerung liegt Réunion da wie ein schlafendes Tier, ein Yak oder eher ein Bison mit einem Buckel, dem Vulkan Piton de la Fournaise. Es ist wie ein Zauber, meine schlechten Erinnerungen verblassen und schwinden in der glutdämpfenden Dunkelheit. Auf dem Rücken des Tieres zeigt sich eine glitzernde Lichterprozession. Ich setze mich auf den Bug und lasse meine Beine baumeln. Die Wellen spritzen meine Füße nass. Die Tropen riechen wunderbar. Eine Nacht dauert es noch, bevor sich der magische Vorhang endgültig hebt. Schnell stelle ich ein letztes Mal die Segel ein und ruhe mich noch etwas aus. Es reicht ohnehin nur für ein paar Viertelstunden Schlaf: In dem küstennahen Gebiet tummeln sich Fischerboote und Handelsschiffe, die wie ich auf die Küste zusteuern. Egal – ich mache vor Aufregung sowieso kein Auge zu.

Allein jubele ich vor mich hin und genieße die letzten Stunden auf dem Meer. Ich denke an Gérard d'Aboville, der als Erster mit dem Ruderboot den Pazifik und den Atlantik überquert hat. Am Abend vor einer Ankunft hatte er mir einmal geschrieben: »Morgen, Maud, ist alles vorbei. Koste es aus, denn es geht immer viel zu schnell!« Tatsächlich zieht sich der Mond schon zurück. Ein letztes, schnelles Zwinkern der Nacht, ein diskreter Abschied, der sich nicht lange hinauszögert und ganz nach einem baldigen Wiedersehen aussieht, so wie ich es mag. Die Wirklichkeit liegt jetzt unmittelbar vor mir, ich träume nicht mehr. Wie schön die Insel ist! Eine Frau mit Charakter, eine Prinzessin mit wohl geformter Silhouette. Der Ozean beschützt sie eifersüchtig wie ein Liebhaber und hebt sich resolut vor meinen unruhigen Augen wie ein letzter Schutzwall. In den vergangenen fünf Monaten war ich diejenige, die er verliebt beschützt hat.

Acht Stunden vor allen anderen Schiffen erreicht mich die *Boudeuse*, ein Patrouillenschiff der französischen Marine. Ihr scheppernder Motor klingt in meinen Ohren wie ein klirrender Schlüsselbund und dann wie das Knarzen eines rostigen Schlosses. Es ist vorbei, endlich frei! Ich weiß, dass Marc an Bord ist, ich habe also nichts mehr zu befürchten. Sie kommen mit wachen Augen, die den Horizont nach Containerschiffen absuchen, mit kräftigen Armen für die schwierigen Manöver, mit Lebensmitteln und Trinkwasser, das inzwischen ausgegangen ist, und mit tonnenweise Zärtlichkeit. Ich spüre, wie ich den Halt verliere. Das jetzt ganz matronenhafte Meer nutzt meine Schwäche sofort aus und blickt mich übertrieben freundlich an, als wollte es sagen: »Wir sehen uns schon bald wieder.« Ich achte nicht weiter darauf, in mir kreist alles nur noch um das dröhnende Erscheinen meines Retters. Ich komme!

Am intensivsten sind die Gerüche. Sie steigen dir in die Nase wie die reine Essenz von Früchten, Pflanzen, Humus, Felsen, betören den Blumen. Schon bald hast du keine Kontrolle mehr über das, was passiert, du wirst angesogen von unbändigen Kräften, bist geblendet von den Farben, bengalischem Licht, plötzlichem Trubel, erschlagen vom Gehupe und dem Geschrei tobender Kinder. Der Körper gehört dir nicht mehr, er wird zu einem unkontrollierbaren Objekt und liefert sich der Menschenmenge und dem Leben aus, das sich vor dir abspult wie ein Film im Schnelldurchlauf. Eine zweite Geburt.

Kaum habe ich einen Fuß auf den Steg gesetzt, zerfließe ich auch schon wie Eis in Kinderhänden beim Umarmen meiner Familie. Maman Chantal steht strahlend da. Sie wirkt zehn Jahre jünger. In ihren Augen liegt eine Freude, die ich so noch nicht kannte. Mir wird klar, was sie in diesen Monaten durchgemacht hat, noch dazu, da sie solche Angst vor dem Meer hat. Dabei war ich bei allen Fahrten immer über das Bordtagebuch mit ihr verbunden, das ich ihr täglich telefonisch durchgegeben habe. Ein geheimer Pakt zwischen uns, um sie zu beruhigen. Heute sagt sie dazu nur humorvoll, dass sie tatsächlich mehr von mir mitbekommt, wenn ich auf dem Meer unterwegs bin. Bei jedem meiner Vorhaben wie auch innerhalb der Familie ist Chantal wie ein Pfeiler, um den sich wilder Wein rankt. Sie arbeitet unauffällig, ist aber unverzichtbar. Ich versuche immer, das Geäst ein wenig zu lichten, doch es wächst sehr schnell nach. Es schützt sie wohl auch vor Wind und Gischt, auf die sie gut verzichten kann. Maman gehört zu den Frauen, die im Hintergrund agieren, deren Duft aber stets in der Luft liegt. Ihre Umarmungen legen sich wie ein Mantel auf die erschöpften Schultern des Schiffbrüchigen, für den damit eine lange, sehr lange Abwesenheit zu Ende geht. In jedem Kuss, jeder zärtlichen Geste, jedem Wort spüre ich die lang unterdrückte Lebendigkeit derer, die mir nahestehen, die Kraft, die sie aufgebracht haben, als sie auf dem Kai zurückblieben, die Fragen, die sie nicht mehr zu stellen wagten. Auf dem

Weg durch die Menge umgebe ich mich mit ihrer Herzenswärme. Morgen, wenn der Druck und die Aufregung nachlassen, sind diese ersten Eindrücke an Land meine schützende Hülle. Der Weg hat sich gegabelt, aber er führt weiter, und zwar auch bergauf, und dieses Mal kann ich mich nicht unter meiner Rettungsweste verbergen. Ich sollte also aufpassen, wohin ich trete!

Fast 10 000 Inselbewohner erwarten mich und schicken weiße und rote Luftballons in den Himmel. Ich breche schier zusammen unter den Umarmungen der Kleinen Abenteurer, die in Scharen erschienen sind, um mit mir zu feiern. Am Kai wartet die *Jeanne d'Arc* auf mich, der ich schon vor einer Woche begegnet bin. Bewegt gehe ich an Bord und sehe in der Offiziersmesse Kommandant Gilles Tillette de Mautort wieder. Meine ausgetrocknete Kehle wird mit frischem, süßem Mangosaft versorgt. Ich habe den Baum vor Augen, an dem die Frucht hing, irgendwo hoch oben auf der Insel unter der glühenden Sonne und dem wolkenlosen Himmel, oberhalb des weiß marmorierten Ozeans. Die köstliche Mango verbindet mich wieder vollends mit Mutter Erde, die mir so gefehlt hat. Es gibt viele Gebete, die ohne Worte auskommen.

Abends im Hotel ziehe ich mich aus und betrachte mich im Spiegel. Fünf Monate lang habe ich mich nicht gesehen. Und erstaunlicherweise bin es immer noch ich, die da steht. Wahrscheinlich habe ich mir vorgestellt, ich hätte mich körperlich genauso stark verändert wie seelisch. Ich bin dünner geworden (in der Regel nehme ich bei jeder Fahrt zehn Kilo ab), meine Arme sind muskulöser, aber nicht viel, ansonsten haben sich meine Muskeln eher gestreckt, und meine Haut ist gebräunt von den letzten Tagen im milden Klima, an denen ich meine Kleider abgelegt habe. In meinen Augen liegt noch die Todesangst, die mich so oft heimgesucht hat. Von außen sind sie blau, wie das Meer, aber innen schaut es sehr viel düsterer aus. Wer den Ozean kennt, weiß, was ich meine.

In meinem Zimmer Nummer zwölf im Hotel Saint-Alexis wirkt alles geordnet, unverrückbar, beruhigend. Ich bin am selben Ort wie am Tag vor meinem Start, und es ist alles so, wie es war. Ich habe es mir so sehr verkniffen, unterwegs durchzuschnaufen, aus Angst, langsamer zu werden oder meine Kräfte zu verlieren, dass ich es heute Abend gar nicht fassen kann, es geschafft zu haben und nach erfüllter Mission wieder heil angekommen zu sein. Es ist ein Gefühl, als wäre es noch nicht vorbei und alles nur ein Traum. Ich gleite zwischen die weichen, weißen Laken, die nach Seife duften. Die Nacht ist unruhig. Zusammengerollt liege ich in meinem gemütlichen Bett wie ein Neugeborenes, die Hände neben dem Gesicht. Der Schlaf hat die Tür hinter sich zugezogen. In meinem Kopf ertönt mein Radar. Meine nackten Füße, die an Stiefel gewöhnt sind, wissen nicht, wohin. Mein Kopf will sich nicht an dieses weiche Kissen gewöhnen, aus Angst, man würde es ihm wieder wegnehmen. Irgendwann lege ich mich auf den kalten Boden am Fußende meines Bettes, wie unter das Steuer der *L'Oréal*. Werde ich lange brauchen, um mich wieder einzugewöhnen? Und wer wird neben mir schlafen wollen, wenn ich auch in Zukunft lieber auf dem Kachelboden liege? Nach einer Stunde springe ich hoch, um auf der Brücke nach dem Rechten zu sehen. Bis ich ganz bei Sinnen bin, stehe ich stumm neben dem Bett. Ich versuche, mich zusammenzureißen. »Du musst schlafen, Maud, du musst schlafen.« Bis zum Morgen geht es jede Stunde so. Ich habe mir in all den Monaten eine solche Disziplin angewöhnt und meinem Körper so viel abverlangt, dass ich mich jetzt fühle wie ein überhitzter Akku. Ich werde wohl das Ladegerät ausschalten müssen, um meiner inneren Uhr die Zeit zu lassen, an Land anzukommen.

Durch das große Glasfenster dringen die Morgengeräusche des schönen Hotels in Boucan Canot, ungeduldige Autos sind zu hören, hier und da eine noch verschlafen klingende Stimme; am Strand werden die Sonnenschirme aufgestellt. Jeder Laut klingt fröhlich in meinen Ohren. Dass hier ganz selbstverständlich Menschen um mich herum sind, benebelt mich auf angenehme Weise. Ganz langsam gehe ich nach draußen, damit der Zauber ja nicht verfliegt. Hoffentlich bilde ich mir das alles nicht bloß ein! Mir ist, als würde ich schweben, alles um mich herum kommt mir zu gleich bleibend, zu aufgeräumt vor, als dass es wahr sein könnte. Draußen im Patio auf den noch kühlen Fliesen lasse ich mich von der Sonne durchfluten, und es ist, als würde eine Glut in meinem Herzen entfacht. Ich gehe ein paar Schritte, bis meine eingeschüchterten Füße auf Gras und weiche Erde treffen. Meine Augen nehmen alles wahr, es ist der immer währende Frühling auf der Insel. Ich entdecke die Farbe Grün wieder, üppige Natur, Bougainvillea, Hibiskus und Flamboyant. Die ganze Insel blüht, die prächtigen Felder stehen voll im Saft, strömende Kaskaden erfrischen mit ihrem kühlen Wasser.

Tief in mir bleibt immer ein kleiner, verborgener Garten, verwildert und einsam, in den ich mich hinter meinem strahlenden Lächeln flüchten kann. Es ist ein kleiner Teil des Meeres, das die Augen eines Kindes hat, sanft, zärtlich und entschlossen zugleich. Im Verlauf meiner Abenteuer ist mir bewusst geworden, dass wir alle die Anlagen für Freude, Faulheit, Traurigkeit und Begeisterung in uns tragen, und dass es an uns liegt, wie sie gedeihen. Ein Garten ist nie vollendet. Überlässt man ihn eine Woche sich selbst, ist es wie mit einem Sportler, der nicht trainiert hat: Du beginnst wieder von vorn. Du musst also dein Bestes geben, hohe Erwartungen an dich stellen und viel arbeiten: Das ist die Erfüllung, hinter der sich das Glück verbirgt, so geheimnisvoll es auch sein mag.

Epilog

Ihr, namenloses Volk aus dem Lauf der Zeiten, Geister unserer Vä-
ter und Gelächter unserer Enkel, unterwegs als Passanten in unse-
rer Geschichte, als Unbekannte in unseren Träumen, seid gegrüßt.
Lässt sich der Wind einfangen in einer geballten Faust? Wind, sei
gegrüßt.
Es ist noch etwas Sand unter den Nägeln. Sand, sei gegrüßt.
Etwas Salz auf den Lippen. Meer, sei gegrüßt.
Ich hinterlasse alle Erinnerungen, von denen ich geträumt habe
und die ich niemals haben werde.

JEAN-FRANÇOIS DENIAU

Wenn jemand beim Lesen dieses Buches gedacht hat, ich wollte ihn
ermuntern, sich ein Boot zuzulegen und einmal um die Welt zu segeln, habe ich etwas falsch gemacht. Zwar solltet ihr, liebe Leser,
meine Worte durchaus als Ermunterung verstehen, aber eher dahingehend, dass ihr euren Traum verwirklicht, eure Pläne in die Tat
umsetzt und entdeckt, was für *euch* das Salz des Lebens ist.

Ich möchte über meine Erfahrungen berichten, Kindern etwas
vermitteln, denjenigen Hoffnung geben, die keine mehr haben, und
denen, die gegen eine Krankheit kämpfen, gegen die Ungerechtigkeit, gegen ein schweres Schicksal, etwas von der Kraft geben, die
mir die Ozeane geschenkt haben. Ich betrachte das, was auf dem
Meer wichtig ist, als ein Mittel, Jugendliche anzusprechen und sie
für etwas zu begeistern.

Auf meiner letzten Reise in die Südmeere, von der ich in diesem
Buch berichte, befand ich mich gewissermaßen im Stadium der

Verpuppung, aus dem ich verwandelt hervorgegangen bin. Wesentlich ist für mich die Erkenntnis, dass das Leben vergänglich ist. Wahrscheinlich mag ich deshalb auch den Morgen so sehr: Jeder neue Tag auf der Erde ist für mich ein Geschenk. Abends lege ich mich dagegen nur schweren Herzens ins Bett und trauere um die Stunden, die mir entgehen. Farben, Lächeln, Arbeit, Humor, Probleme, die gelöst, Wege, die freigeräumt werden wollen, unwahrscheinliche Begegnungen, Felsen, an denen man hochklettern kann: Das alles wünsche ich mir für mich – und auch für euch!

Hätte ich nur einen Wunsch frei, würde ich mir allerdings wünschen, dass mir der aufrichtige Blick eines Kindes, die ersten Frühlingsknospen, eine fliegende Libelle oder der Duft einer Blume immer zu Herzen gehen. Ich möchte weiterhin erröten vor Freude über die kleinen, unbedeutenden Dinge, die aneinandergereiht sehr viel Glück bedeuten.

Ein Sonntagmorgen an Land. Ich träume davon, eines Tages zu erleben, dass mein Bauch sich spannt wie ein Segel. Einmal mehr heftet sich mein Blick an den Horizont, meine Augen versinken im blauen Meer, das sich bis in endlose Ferne erstreckt. In meinen Gedanken und Empfindungen bin ich bei ihm und lasse mich zu neuen Vorhaben inspirieren. Ich sitze im Schatten einer großen Pinie, unterhalb des Hauses von Patrick Rabain, und strecke die Füße ins Wasser. Ich habe das Gefühl, dass mich das Meer sanft abgesetzt hat, um mich vor eine neue Aufgabe zu stellen. Erstaunt blickt es mich an. Wir werden seinen Lebensraum noch weiter beschneiden, die Küsten weiter zubetonieren, es mit künstlichen Inseln verbauen. Wir breiten uns aus, Jahr für Jahr werden weitere Kilometer Küstenstreifen zugeschüttet. Wir kippen Sand ins Meer und trocknen es aus. Künftig möchte ich diejenige sein, die Stürme entfacht – um seinetwillen. Ich möchte, dass man das Meer nicht nur sieht, sondern lernt, es zu betrachten, zu respektieren und zu schützen.

Aus der griechischen Mythologie wissen wir, dass Prometheus, als er endlich befreit war und in die Welt der Götter zurückkehren durfte, von Zeus angehalten wurde, einen Ring zu tragen, der ihn an seine schweren Prüfungen erinnern sollte. Bei mir zu Hause sorgt meine rote Rettungsweste, die ich an meine Garderobe gehängt habe, dafür, dass ich weder die Stürme noch die langen, schwierigen Monate, noch das vergesse, was ich mir damals vorgenommen habe. Wenn ihr mich also irgendwann unter meiner roten Kapuze durch die Stadt laufen seht, verstecke ich mich vielleicht gerade darunter, um wieder Kraft zu tanken!

Dank

Die Größe des Menschen liegt nicht in dem, was er ist,
sondern in dem, was er möglich macht.

SRI AUROBINDO

Ein großes Dankeschön:

An Nicolas Hulot, der mir in die Steigbügel geholfen hat.

An Patrick Poivre d'Arvor, den treuen Paten meiner Boote.

An Patrick Rabain und an L'Oréal dafür, dass sie ja gesagt haben. Ich werde es nicht vergessen.

An meine Familie und meine Freunde, die mich, im Scheinwerferlicht oder nicht, nie aus den Augen verloren haben.

An alle Kinder, die meine Abenteuer unbefangen und begeistert verfolgt haben.
An alle, denen ich unterwegs auf dem Meer oder an Land begegnet bin und die mir, jeder auf seine Weise, die Augen geöffnet haben.

Auf dass eure Träume wahr werden und wir uns bald zu neuen Abenteuern wiedersehen!

Maud Fontenoys Engagement gilt der Stiftung Nicolas Hulot für die Natur und den Menschen (fondation-nicolas-hulot.org), der französischen Agentur für Umwelt- und Energiewirtschaft (ADEME, Agence de l'Environnement et de la Maîtrise de l'Énergie, www.ademe.fr) und der von beiden Organisationen ins Leben gerufenen Kampagne »Défi pour la Terre« (Herausforderung für unsere Erde), für die sie als Botschafterin tätig ist.

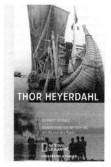

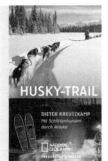